Tarot

Was die Karten verraten

Die 78 Karten der Kleinen
und Großen Arkana

Beispiele zu Legesystemen

LUDWIG

Inhalt

Tarot ist eine sehr alte Methode, um durch den Symbolgehalt einzelner Karten Aufschluss über sich und seine Zukunft zu gewinnen.

Einführung 4

Woher kommt Tarot? 5
Gleiches Aufbauschema 5

Aufbau eines Tarot-Kartendecks 5
Das Tarot-Set 6
Die Viererstruktur der einzelnen Sätze 7
Die Hofkarten 13
Die Bilder der Großen
und der Kleinen Arkana 13

**Der Umgang mit den
Tarot-Karten** 14
Die Fragestellung 14

Inhalt

Das Mischen 19
Das Auslegen 19
Das Deuten 19
Quersumme oder Quintessenz 19

Legebilder 23
Beispiel 1 23
Beispiel 2 25
Beispiel 3 31

Die Großen Arkana   **34**

Die Kleinen Arkana   **56**

Die Stäbe 56

Die Schwerter 70

Die Münzen 84

Die Kelche 98

Über dieses Buch 112

Register 113

Einführung

Tarot ist eine alte Methode, die mittels der Sprache von Bildern und Symbolen einen Zugang zum Unbewussten eröffnet. Diese beschreiben das Thema, die Qualität, die Eigenschaft und Bedeutung eines Problems, das in einem bestimmten Moment wirksam ist. Die Bilder spiegeln einen seelischen Zustand oder eine bestimmte Lebenserfahrung wider und bringen diese dann an die Oberfläche.

Eine unschätzbare Hilfe

Gerade in schwierigen Zeiten, wenn wir uns in einer Krise befinden, in Zeiten der Desillusionierung oder Trennung bietet das Tarot eine unschätzbare Hilfe, um zur Klärung der Dinge beizutragen. In diesen Momenten können die wenigsten Menschen von sich behaupten, dass sie ihr Leben im Griff haben und die Probleme alleine, ohne äußere Hilfe lösen können.
Die Tarot-Karten bringen Licht in schwierige Situationen, bieten zusätzliche Informationen, verhelfen zu einem Verständnis und zur Einsicht in bestimmte Angelegenheiten. Sie bringen unbekannte Erfahrungen oder verborgene, tief schlummernde Seiten eines Konflikts zum Vorschein. Dabei geht es vor allen Dingen darum, dank der Hinweise, die durch die Bilder eines Tarot-Spiels vermittelt werden, falsche, verzerrte Denkweisen, Verhaltensweisen oder Regeln zu entwirren und durch eine realistische Interpretation zu ersetzen. Die Beschreibungen und Ausführungen in diesem Buch sind als erste kurze und kompakte Einführung in die Welt des Tarot gedacht. Grundsätzlich setzt der Umgang mit diesen Karten eine intensive Beschäftigung mit Symbolen, mit der Mythologie, Astrologie, Psychologie und verschiedenen Religionen voraus. Erst durch ein ernsthaftes Studium erschließt sich uns die tiefe Bedeutung des Tarot.

Bewusste Entscheidungen

Es sei ausdrücklich darauf hingewiesen, dass durch eine Tarot-Befragung keine Entscheidungen abgenommen werden und auch niemand einem unentrinnbaren Schicksal ausgeliefert ist.
Vielmehr sollte man die Karten als Entscheidungshilfe oder Wegweiser betrachten und die Chance wahrnehmen, sich etwas bewusst zu machen, um die Dinge zu begreifen. Denn wenn wir die Thematik oder das Problem

Zugang zum Unbewussten

besser verstehen und erkennen, fällt es auch leichter, eigenständige, bewusste und ausgereifte Entscheidungen herbeizuführen. Denn es gilt, wie Liz Greene treffend sagt: »Das, was in uns geschieht, ist mit dem verbunden, was um uns geschieht.«

Woher kommt Tarot?

Etwa im 15. Jahrhundert wurden die ersten Tarot-Karten in Europa bekannt. Verschiedene Quellen bringen die Karten mit der jüdischen Geheimlehre, der Kabbala, in Verbindung, andere sehen den Ursprung eher im alten Ägypten.
Beweise dafür hat es nie gegeben, und so bleibt die eigentliche Herkunft der Tarot-Karten bis heute im Dunkeln.

Gleiches Aufbauschema

Der Künstler Benifacio Bempo malte gegen Ende des 15. Jahrhunderts für die Mailander Adelsfamilie Visconti die berühmten Visconti-Sforza-Karten, und seither haben verschiedene Künstler die Bilder immer wieder verändert. Das Grundkonzept bzw. der Aufbau eines Tarot-Spiels ist jedoch über die Zeiten hinweg gleich geblieben.

Aufbau eines Tarot-Kartendecks

Die Ausführungen in diesem Büchlein beziehen sich auf die populären, leicht erhältlichen Rider-Waite-Karten von Arthur Edward Waite, die ca. 1910 erschienen sind.

Die Bilder der Tarot-Karten spiegeln einen bestimmten seelischen Zustand wider und eröffnen den Weg zum Unbewussten.

Einführung

Eine Besonderheit des Rider-Tarot-Kartendecks besteht darin, dass Arthur Waite von der klassischen Zählfolge (VIII = Gerechtigkeit und XI = Kraft) abgewichen ist und die beiden Karten ausgetauscht hat. In dieser Beschreibung gilt also VIII = Kraft und XI = Gerechtigkeit.

Das Tarot-Set

Ein Tarot-Set, auch Deck genannt, besteht aus 78 Karten:
- 22 Karten der Großen Arkana (oder Trumpfkarten)
- 56 Karten der Kleinen Arkana

Die 22 Karten der Großen Arkana (das Wort »Arkana«, von lateinisch »arcanum« bedeutet »geheimes Wissen«) oder Trumpfkarten (O = der Narr bis XXI = die Welt) sind daran zu erkennen, dass oben in der Mitte der Karte eine Zahl, z. B. XVII, und im unteren Teil ein Name, z. B. der Stern, geschrieben ist. Die 56 Karten der Kleinen Arkana sind in vier Sätze aufgeteilt:
- Stäbe
- Kelche
- Schwerter
- Münzen

Jeder Satz der Kleinen Arkana besteht aus 14 Karten, die sich in 10 Zahlenkarten von As (=1) bis 10 und in jeweils vier Hofkarten aufteilen:
- König
- Königin
- Ritter
- Bube

Die Symbole sind auf dem jeweiligen Bild zu erkennen, der Name der Hofkarte ist unten in der Mitte des Bildes zu lesen.
Die Hofkarten werden bei der Deutung übergreifend nach den einzelnen Personen (Buben,

Aus den Tarot-Karten sind unsere heutigen Spielkarten entstanden: Aus den Stäben wurde Kreuz, aus den Schwertern Pik, aus den Kelchen Herz und aus den Münzen Karo.

Die Karten der Großen und der Kleinen Arkana

Ritter, Königinnen, Könige) zusammengefasst, oder man gruppiert sie nach den vier Sätzen: also Stäbe-Hofkarten, Schwerter-Hofkarten, Kelche-Hofkarten, Münzen-Hofkarten. Näheres hierzu erfahren Sie unter »Hofkarten« Seite 13 und bei den einzelnen Kartenporträts.

Die Viererstruktur der einzelnen Sätze

Diese spiegelt sich in den Elementen Feuer, Wasser, Luft und Erde wider; sie sind zudem die Eckpfeiler der Astrologie. Dabei werden im Tarot für die vier Elemente immer folgende Zuordnungen vorgenommen:

• **Der Satz der Stäbe** entspricht dem Element Feuer. Diese Karten beschreiben die Erfahrung und Entwicklung von Optimismus, Zuversicht, Hoffnung, Kreativität, Phantasie, Veränderung, Bewegung, Aktion, Wettbewerb, Handel, Unternehmungslust sowie die Fähigkeit oder Aufgabe, sich Herausforderungen zu stellen, etwas zu tun, in Gang zu bringen oder etwas zu verändern.

Beispiele

Sie möchten nach der allgemeinen Tendenz für die kommende Woche fragen und dazu nur eine Karte ziehen. Nachdem Sie alle Karten vor sich verdeckt ausgebreitet haben, ziehen Sie mit der linken Hand z. B. die 8 der Stäbe. Nach der Interpretation in diesem Buch würde das bedeuten, dass Sie sich auf eine spannende Zeit einstellen dürfen, in der Sie flexibel auf äußere Umstände reagieren sollten. Mögliche Veränderungen und Umstellungen sollten Sie nicht blockieren, sondern optimistisch, offen und kreativ auf sie zugehen.

Ziehen Sie hingegen die 10 der Stäbe, dann würde diese darauf hindeuten, dass, obwohl Sie enorme Energie und Zuversicht

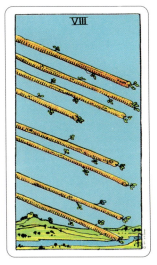

Die 8 der Stäbe verheißt Ihnen eine abwechslungsreiche Zeit.

Einführung

in sich spüren, Ihr Tatendrang einen kleinen Dämpfer bekommt. Sie sollten sich überlegen, auf welchen Gebieten Sie Verantwortung und Verpflichtungen abgeben könnten, um sich etwas zu entlasten. Bei dieser Karte geht es u.a. auch darum, die eigenen Grenzen zu erkennen, und um die Fähigkeit, Aufgaben zu delegieren, ohne Selbstvertrauen zu verlieren oder das Gefühl zu haben, ein Versager zu sein.

Um eine umfassendere und detailliertere Antwort zu bekommen, sollten Sie ein ausführliches Spiel legen, beispielsweise das »Keltische Kreuz« (siehe Seite 26).

Ziehen Sie dabei überwiegend Karten aus dem Satz der Stäbe, dann steht Ihrem Anliegen im Allgemeinen eine hoffnungsvolle Zeit bevor, eine dynamische Entwicklung voller Mut, Willenskraft und Selbstvertrauen. Doch unter Umständen sind Sie trotzdem aufgefordert, diese Eigenschaften noch besser zu entwickeln und auszubilden, um so ein Ziel zu erreichen oder sich durchzusetzen.

Wie diese Beispiele zum Ausdruck bringen, können die Karten aus dem Satz der Stäbe sowohl dynamischer Natur sein als auch auf eine weniger optimistische Phase hinweisen.

• **Der Satz der Kelche** entspricht dem Element Wasser. Diese Karten beschreiben die Erfahrung und Entwicklung von Liebe, Emotionen, Phantasie, Freude, Harmonie, Verständnis, Mitgefühl, Instinkt, Kreativität sowie die Fähigkeit oder Aufgabe, Gefühle zu entwickeln, sie zu geben, zu empfangen und die innere Verbundenheit mit anderen Menschen zu erleben.

Beispiele

Sie möchten etwas über das allgemeine Klima an Ihrem Arbeitsplatz für die nächsten Wochen

Die 10 der Stäbe warnt Sie vor unnützem Kräfteverschleiß.

Stäbe und Kelche

erfahren und dafür nur eine Karte ziehen. Fächern Sie wiederum verdeckt alle Spielkarten vor sich auf, und ziehen Sie mit der linken Hand eine Karte. Möglicherweise ist die gezogene Karte die 2 der Kelche.

Sie können diese Karte dahingehend deuten, dass Ihnen eine glückliche, optimistische, zufriedene Zeit voller Harmonie und Ausgewogenheit bevorsteht. Sie sollten diese positive Atmosphäre nutzen und sich viel versprechenden Chancen, erfreulichen Geschäften und beruflichen Erfolgen öffnen. Freuen Sie sich über Aufmerksamkeit und Offenheit, die Ihnen entgegengebracht werden. Jetzt bietet sich die Möglichkeit, Schwierigkeiten oder Disharmonien aus dem Weg zu räumen bzw. zu überwinden.

Würden Sie bei der gleichen Frage die Karte 8 der Kelche ziehen, so ist die Stimmung von Zweifeln, Unsicherheiten, Verlust- und Trauergefühlen geprägt. Vermutlich denken Sie über einen beruflichen Neuanfang oder über eine Neuorientierung nach. Sie sollten Ihre Pläne und Ziele genau formulieren. Diese Zeit eignet sich, um geistig und räumlich auf Reisen zu gehen, sich von bestimmten Dingen zu lösen oder Abschied zu nehmen.

Erscheinen in einem Legespiel

Mit der 2 der Kelche schmieden Sie berufliches und privates Glück.

wie z. B. dem »Keltischen Kreuz« überwiegend Karten aus dem Satz der Kelche, so können wir dies immer mit dem emotionalen Bereich, mit der Welt der Gefühle, der Liebe, der Wünsche, den Sehnsüchten und Phantasien in Verbindung bringen. Diese Kartenkonstellation kann sowohl glücklicher als auch eher schmerzlicher Natur sein.

• **Der Satz der Schwerter** entspricht dem Element Luft. Diese Karten beschreiben die Erfahrung und Entwicklung von

Einführung

Objektivität, klarer Erkenntnis, Vernunft, Urteilsfähigkeit, Entscheidungskraft, Gerechtigkeit, Analyse, Logik, Flexibilität sowie die Fähigkeit oder Aufgabe, mit kritischem Verstand, objektiv, rational und unabhängig schwierige Probleme oder Konflikte wahrzunehmen und sie zu meistern.

Beispiele

Sie möchten in Erfahrung bringen, wohin Ihre berufliche Entwicklung in der nächsten Zeit tendiert. Nachdem Sie alle Karten gemischt und abgehoben haben, fächern Sie diese verdeckt vor sich auf und ziehen wiederum mit der linken Hand eine Karte. Sie ziehen die Königin der Schwerter (siehe Hofkarten). Diese Karte könnte ein Hinweis darauf sein, dass Sie die Chance nutzen sollten, aus einem für Sie vielleicht zu eng gewordenen Umfeld herauszutreten, sich zu befreien und eigene Wege zu gehen. Sie sollten keine falsche Bescheidenheit an den Tag legen, sondern selbstbewusst auftreten, Zivilcourage und Stärke beweisen, um Ihre vielen Ideen und neuen Konzepte zu vertreten und die dafür notwendigen Entscheidungen klar zu treffen. Möglicherweise ist die gezogene Karte aber auch ein Hinweis darauf, dass Ihnen eine Frau begegnet, die Ihnen mit klugem Rat zur Seite steht, damit Sie kritisch und objektiv Ihren Verstand einsetzen und entsprechend handeln können.

Sie stellen die gleiche Frage und ziehen die 8 der Schwerter. Wenn Sie eine Zeit der Einschränkungen, Krisen und Hemmungen vermeiden wollen, sollten Sie neben Ihrem tadellos funktionierenden Verstand Ihrem Gefühl vertrauen.

Sich für Disziplin, Zähigkeit und einen eisernen Willen zu entscheiden und dabei ständig die eigenen Bedürfnisse und Gefühle

Die Königin der Schwerter ermutigt Sie, eigene Wege zu gehen.

Schwerter und Münzen

Mit der 8 der Schwerter balancieren Sie Verstand und Gefühl aus.

zu untergraben bedeutet in beruflich schwierigen Situationen auch nicht, die richtige Lösung herauszufinden.
Wenn bei der Auslegung des Spiels »Keltisches Kreuz« überwiegend die Karten aus dem Satz der Schwerter gezogen werden, besteht immer die Chance, in der fraglichen Angelegenheit zu einer klaren Entscheidung zu kommen. Diese Karten sind ein deutlicher Hinweis dafür, dass wir unsere Aufgaben und Probleme, unsere Wünsche und Visionen mit dem Verstand kritisch prüfen und objektiv beurteilen sollten. Die Karten der Schwerter geben uns die Empfehlung zu rationalen Entscheidungen, aber auch die Aufforderung, an mancher Stelle zu überprüfen, wo wir uns zu sehr von unserem Verstand leiten und die nicht minder wichtige Seite des Herzens und der Emotionen kaltschnäuzig außer Acht lassen.

• **Der Satz der Münzen** entspricht dem Element Erde. Diese Karten beschreiben die Erfahrung und Entwicklung von Beständigkeit und Bodenständigkeit, Sicherheit, Zufriedenheit, Wirklichkeitsnähe, Körperlichkeit, Sinnlichkeit, Erfolg, finanziellem Gewinn, Selbstwertgefühl sowie die Fähigkeit oder Aufgabe, reale und greifbare Ziele zu verwirklichen, Materielles zu erhalten und zu bewahren, neue nützliche Fertigkeiten zu erwerben, Ordnung, Strukturen und Systeme aufzubauen.

Beispiele
Sie erleben im Augenblick eine Phase des finanziellen Engpasses, und Sie möchten wissen, ob sich diese Tendenz fortsetzt oder bald zu Ende ist. Wiederum möchten Sie nur eine Karte ziehen. Aus dem verdeckt ausgebreiteten gesamten Kartendeck ziehen Sie beispielsweise das As der

Einführung

Das As der Münzen verspricht Ihnen eine erfolgreiche Zeit.

Münzen. Durch ein behutsames Vorgehen im Privatleben und im beruflichen Bereich, durch Ihre innere Ruhe und Gelassenheit genießen Sie überall Vertrauen und hohes Ansehen. Nun scheint eine erfolgreiche Zeit anzubrechen, und die mageren Zeiten sind vorbei. Sie bekommen die Chance, all Ihre Wünsche, Pläne und Absichten zu verwirklichen. Schöpfen Sie aus dem Vollen, und öffnen Sie sich den viel versprechenden Chancen, die Ihr Leben in jeder Hinsicht reicher machen könnten.

Ziehen Sie im Gegensatz dazu die 7 der Münzen, dann müssten Sie sich auf eine längere Phase einstellen, um eine Verbesserung Ihrer finanziellen Situation zu erreichen. Geduld und Vorsicht vor allzu schnellem Handeln zahlen sich aus.
Schaffen Sie sich Raum und Zeit für die Entwicklung und Verwirklichung Ihrer Vorhaben. Wenn Sie die Dinge sorgfältig vorbereiten, dann werden Sie bald die (finanziellen) Früchte ernten können.
Ziehen Sie die überwiegende Anzahl Karten aus dem Satz der Münzen beim Legen des »Keltischen Kreuzes«, dann deutet dies in erster Linie darauf hin, dass Sie sich auf dem Weg eines gesunden inneren und äußeren Wachstums befinden. Mit der erforderlichen Disziplin, dem nötigen Selbstvertrauen und einer richtigen Struktur haben Sie alle Trümpfe und Möglichkeiten in der Hand, solide und greifbare Ziele zu verwirklichen.
Wir erhalten auch hier die Aufforderung, unsere Einstellung zu Geld, Besitz und materiellen Werten zu überprüfen. Vielleicht deutet dies auf ein übertriebenes Sicherheitsbedürfnis hin und blockiert den Fluss der Energien (siehe auch die 4 der Münzen Seite 87). In den meisten Fällen

ist es deshalb notwendig, sich von vermeintlichen Sicherheiten zu lösen, eine Zeit der Einschränkung in Kauf zu nehmen, um sich dann neu zu orientieren und wieder Lebensfreude und Vertrauen in die eigenen Fertigkeiten und Fähigkeiten zu entwickeln.

Die Hofkarten

Bei der Deutung unterscheiden sich die Hofkarten von den Zahlenkarten dadurch, dass sie traditionell Personen oder Charaktertypen darstellen. Darüber hinaus können sie im Zusammenhang mit der Frage innere Erfahrungen, Qualitäten, Eigenschaften und Einstellungen repräsentieren, die vom Fragesteller selbst dargestellt werden oder die ihn dazu auffordern, diese Eigenschaften zu entwickeln; oder sie treten als wirkliche Personen in sein Leben.

- **Die Könige** repräsentieren in allen vier Sätzen das dynamische, verantwortungsbewusste, männliche Element.
- **Die Königinnen** repräsentieren in allen vier Sätzen das reife, stabile, weibliche, empfangende, bewahrende Element.
- **Die Ritter** repräsentieren Lebenslust, Bewegung, Energie, die Freude am Handeln und Verwirklichen.
- **Die Buben** repräsentieren den kindlichen, unschuldigen, naiven Aspekt eines jeden Satzes.

In diesem Buch werden nur König und Königin als mögliche Begegnung mit einer Person beschrieben, um auf die verschiedenen Interpretationsmöglichkeiten hinzuweisen.

Die Bilder der Großen und der Kleinen Arkana

Die Bilder der Großen Arkana oder Trumpfkarten deuten auf wichtige innere oder äußere Lebenserfahrungen, auf Prozesse

Zu Umsicht und Sorgfalt mahnt die 7 der Münzen.

Einführung

oder Abschnitte im Leben eines Menschen hin. Die Bilder der Kleinen Arkana beschreiben die Erfahrungen der Großen Arkana auf einer persönlicheren Ebene. Sie berühren alle wichtigen Begebenheiten, mit denen wir es im Laufe eines Lebens zu tun haben: gewöhnliche Alltagserlebnisse, Ereignisse, Gefühlszustände, Liebe, Erfüllung, Enttäuschung, Verlust.

Der Umgang mit den Tarot-Karten
Die Fragestellung

Üblicherweise werden Fragen zum Beruf, zur Familie oder Partnerschaft gestellt, aber auch Fragen zur Bewältigung von Krisen und Fragen für die Zeiten im Leben, in denen man wenig oder keine Perspektiven erkennt. Eine Tarot-Befragung kann das Thema dazu erhellen, auf Tendenzen oder Aussichten hinweisen, aber keine Entscheidung abnehmen. Die Frage muss deutlich formuliert werden, z. B.:
• Worum geht es bei dieser Angelegenheit?
• Wie entwickeln sich meine beruflichen Aussichten, meine Partnerschaft, meine Beziehungen?
• Was soll ich weiterhin tun, wie soll ich mich verhalten?
Es können auch Fragen zur persönlichen Weiterentwicklung gestellt werden, z. B.:
• Welche Aufgaben oder Hürden sind zu bewältigen?
• In welche Richtung wird mein Weg gehen?

Zeitregelung

Setzt man am Anfang eines Spiels keinen Zeitraum für eine bestimmte Frage fest, so gilt allgemein die Regel von sechs Wochen. Zeiten wie der eigene Geburtstag oder der Jahreswechsel sind beliebt, um sich die Karten für ein ganzes Jahr zu legen.

Mit dem Narren dürfen Sie ruhig auch mal verrückt spielen.

Fragen deutlich formulieren

Tages-, Wochen-, Monats-, Jahreskarte

Eine sehr gute Übung, um mit den Karten spielerisch umzugehen sowie die Bedeutung der gezogenen Karten zu erlernen und die Sprache der Bilder zu verstehen, ist, sich täglich eine Karte aus den 22 Trumpfkarten zu ziehen. Dabei geht es weniger um konkrete Ereignisse als vielmehr um die Beschäftigung mit einem bestimmten Thema, auf das diese Karte hinweist. Genauso kann natürlich eine Karte für einen Monat oder für ein ganzes Jahr als »Themenkarte« gezogen werden.

Beispiel Tageskarte

Sie nehmen nur die 22 Karten der Großen Arkana (Trumpfkarten) aus dem Spiel. Sie erkennen diese Karten an der römischen Ziffer in der Mitte oben und an ihrem Namen, der am unteren Rand der Karte steht. Die Karten werden durchgemischt, abgehoben, wieder zusammengelegt und verdeckt auf einem Tisch ausgebreitet. Nun wird mit der linken Hand eine Karte gezogen. Es ist beispielsweise die Karte 0 Der Narr.

Der Narr steht neben anderem für Neuanfang, für Begeisterung, Unbekümmertheit und Lebhaftigkeit. Auf den Tag bezogen

Im Zeichen des Herrschers sorgen Sie für Klarheit und Ordnung.

heißt dies, dass Sie den nötigen Mut entwickeln sollten und es sich einfach mal erlauben sollten, Ihren Realitätssinn außer Acht zu lassen. Zeigen Sie doch ganz offen Ihre witzige, übermütige, geschickte Seite, und lassen Sie sich leicht, befreit und gelöst zu manchen »Verrücktheiten« hinreißen. Sie sollten einige Konventionen über Bord werfen, und wenn Sie eine Aufgabe zu meistern haben oder Neues ausprobieren wollen, dann spielen Sie mit den vielen verschiedenen Möglichkeiten, die Ihnen zur

Einführung

Verfügung stehen. Mit dieser Grundhaltung fällt es Ihnen sicherlich leicht, andere für sich zu gewinnen oder sich mit Humor aus einer verzwickten Situation zu retten.

Diese Karte fordert Sie dazu auf, die kreative Seite, Ihren Instinkt und Ihre Intuition voll auszuleben. An diesem Tag haben Sie die Möglichkeit, die Weichen neu zu stellen, freudig und unbekümmert völlig neue Seiten in sich und um sich herum zu entdecken. Es bietet sich Ihnen eine hervorragende Gelegenheit, bestimmte Ängste zu überwinden und mutig Veränderungen einzuleiten. Trotz allem sollten Sie sorgsam mit Ihren Energien umgehen und die Bodenhaftung nicht verlieren.

Beispiel Wochenkarte

Sie können natürlich genauso gut das Thema einer ganzen Woche ermitteln. Auch in diesem Fall ziehen Sie aus den 22 Trumpfkarten, die verdeckt vor Ihnen liegen, eine Karte.
Sie haben unter Umständen die Karte IV Der Herrscher gezogen. Der Herrscher steht neben anderem für Struktur, Stabilität, Ordnung, Unabhängigkeit und Wahrhaftigkeit. In dieser Woche könnten Sie Ihren Zielen mit sachlicher Kompetenz, Objektivität, Disziplin, Ausdauer und

Mit dem Wagen gelingt Ihnen der Aufbruch zu neuen Ufern.

Fleiß ein großes Stück näher kommen. Vielleicht haben Sie auch einige Belastungsproben durchzustehen – im beruflichen und/oder im privaten Bereich. Nutzen Sie diese Chance, aktivieren Sie Ihre innere Kraft und Stärke, versuchen Sie, Ordnung ins Chaos zu bringen. Möglicherweise gelingt es Ihnen, im beruflichen Bereich mehr Verantwortung zu übernehmen. Gefühlsausbrüche, emotionale Dramen und Entscheidungen, die nur aus dem Bauch heraus kommen, sind in dieser Zeit

Themen für Woche, Monat und Jahr

nicht angesagt. In Ihren persönlichen Verbindungen könnten Sie Klarheit schaffen, indem Sie längst nötige Grenzen ziehen oder aber auch den Grundstein für eine längere, dauerhafte Beziehung legen. Was immer Sie in Angriff nehmen, Sie sollten es ruhig und gelassen angehen. Bleiben Sie sich selbst treu, und tun Sie nur das, was Sie voll und ganz bejahen können. Doch bei aller nötigen Entschlusskraft und Nüchternheit: Vernachlässigen Sie nicht die leichten, spielerischen und unbeschwerten Seiten des Lebens.

Beispiel Monatskarte

Auch hier wird, wie bei den anderen Beispielen, eine Karte aus den Großen Arkana gezogen. Wenn Sie dabei beispielsweise die Karte VII Der Wagen auswählen, dann haben Sie in dieser Zeit die Chance, Ihre Kraft, Ihren Optimismus, Ihr Freiheitsbedürfnis und Ihren Ehrgeiz zu entwickeln. Vielleicht sind Sie bisher immer auf dem Boden der Tatsachen geblieben, doch in diesem Monat bietet sich Ihnen die Gelegenheit, Ihre Träume, Sehnsüchte und Visionen Wirklichkeit werden zu lassen oder alte Probleme endlich aus der Welt zu schaffen. Sie sollten in diesem Monat Ihre Energien und Kreativschübe dazu nutzen, Höchstleistungen zu erbringen. Sie sind in bester seelischer und körperlicher Verfassung, Ihre Begeisterungsfähigkeit ist ungebrochen, und Sie blühen richtig auf, wenn Sie sich Herausforderungen und Problemen stellen können. Falls Sie dabei noch selbstbewusst und zielstrebig Ihre Pläne verfolgen, könnte dies zu einer unerwarteten und viel versprechenden Wende in Ihrem Leben führen. Trotz allen Enthusiasmus, aller Kraft und Durchsetzungsfähigkeit gilt es hier, auf ein harmonisches Zusammenwirken der durchaus widersprüchlichen Bedürfnisse zu achten: auf den richtigen Umgang zwischen der aktiven, egoistischen Seite und dem Willen eines Menschen einerseits und der Welt der Gefühlsregungen, der Liebe und der Anteilnahme andererseits.

Beispiel Jahreskarte

Sehr beliebt ist es, eine Karte aus den Großen Arkana am eigenen Geburtstag oder zum Jahresbeginn zu ziehen. Sie weist auf Erfahrungen und Ereignisse hin, die wir im Laufe dieses Jahres machen und erleben werden. Lassen wir uns auf die tiefe Aussagekraft der Tarot-Karten ein, so können wir daraus wichtige, wertvolle und sinnvolle Hinweise für unser alltägliches und

Einführung

Der Tod markiert das Ende einer Entwicklung und den Neubeginn.

spirituelles Leben erhalten. Darüber hinaus ist es sicherlich interessant, neben der Tarot-Jahreskarte das Radix- (oder Geburts-) Horoskop mit den entsprechenden Transiten, Auslösungen und Progressionen zu betrachten und sie miteinander zu vergleichen. Parallelen zum Thema sind immer zu beobachten, und wir erhalten dadurch die Chance, noch intensiver auf den jeweiligen Themenkreis einzugehen.
Nehmen wir an, dass Sie als Jahreskarte XIII Der Tod gezogen haben. Zunächst mag diese Karte verwirren und manche Menschen in Angst und Schrecken versetzen. Zu schnell zieht man den Schluss, dass damit der eigene Tod gemeint sei.
Um zu verstehen, dass die Karte XIII Der Tod keine negative Bedeutung hat, müssen wir uns darauf besinnen, dass jede Tarot-Karte eine bestimmte Erfahrung zum Ausdruck bringt und unbewusste Seiten oder seelische Zustände spiegelt.
Nach der Interpretation in diesem Buch (siehe Seite 47) bedeutet die Karte XIII Der Tod Abschied, Trennung oder Veränderung. Es geht um das Ende eines Lebensabschnittes oder einer Entwicklungsphase. Das Leben ändert sich z. B. dramatisch, wenn ein junger Mensch in die Pubertät kommt. Er nimmt Abschied von seinen kindlichen Verhaltensweisen, er löst sich von seinem Elternhaus, nabelt sich ab. Die bisherigen Vorstellungen, eigene Meinungen, Vorlieben, Freunde, seine Ideen und Ziele nehmen andere Formen an. Kurz: Er macht eine tief greifende innere und äußere, eine emotionale und körperliche Wandlung durch, die wahrscheinlich die schmerzlichste in seinem Leben sein wird. Um diese Wandlung konkret vollziehen zu können, muss jeder Mensch ihm

Die Wahrheit entdecken

wichtige und wertvolle Dinge, die ihm bisher sehr viel Sicherheit gaben, loslassen, sich von ihnen befreien und trennen. Tatsächlich kommt das der Empfindung des Todes sehr nahe. Diese tief greifende Phase ist notwendig, um sich auf einen wirklichen Neuanfang einlassen zu können. In der Regel muss jeder Mensch viele Male in seinem Leben solche Übergänge auf einer inneren und äußeren Ebene zwischen Geburt und Tod vollziehen. In diesem Sinne bedeutet die Karte XIII Der Tod eine Chance, sich von bestimmten überkommenen Dingen, Meinungen oder Lebensanschauungen zu befreien, die inzwischen überholt sind, an denen man aber zu lange festgehalten hat. Der Weg für neue wertvolle Erfahrungen wird somit geebnet.

Das Mischen

Alle Karten werden vollständig durchgemischt.
- Abheben: Mit der linken Hand die Karten abheben und wieder zusammenlegen.
- Ziehen: Die Karten aufgefächert verdeckt auf den Tisch oder Boden legen, mit der linken Hand die entsprechende Anzahl der Karten ziehen und sie, weiterhin verdeckt, zu einem Stapel aufeinander legen. So liegt die zuerst gezogene Karte unten, die zweite liegt darauf usw.

Das Auslegen

Nun zuerst die unterste Karte aus dem Stapel nehmen und offen auslegen. Mit den anderen Karten genauso verfahren und nach einem Muster – siehe Beispiele Seite 23ff. – anordnen.

Das Deuten

Die Deutung unter den jeweiligen Porträtkarten nachlesen (siehe Seite 34ff.). Um die Deutungstexte in diesem Buch auf ein beliebiges Legesystem zu übertragen, kann man durchaus die Beschreibung der aufgeführten Punkte (»Worum geht es?«, »Was ist zu tun?« etc.) aufnehmen und sie sinnvoll mit den Bedeutungen der angegebenen Kartenpositionen anderer Tarot-Spiele oder -Systeme verbinden.

Quersumme oder Quintessenz

Alle Zahlen, die auf den Karten stehen, werden zusammengezählt (außer den Hofkarten, As zählt 1). Daraus errechnet sich die Quersumme, z. B.: 34 = 3 + 4 = 7, d. h., die Quersumme ist 7 (Der Wagen). Diese Karte wird aus den Großen Arkana genommen und weist auf die Tendenz der Frage hin.

Einführung

Sehr beliebt ist es, aus den 22 Trumpfkarten die so genannte Persönlichkeitskarte und die Wesenskarte zu ermitteln. Manch einer vermag daraus neue Schlüsse für seine eigene Persönlichkeit zu ziehen. Bisher verborgen gebliebene Wesensmerkmale können durchaus zu einer Bereicherung des eigenen Daseins führen.

Beispiel

Aus der Summe des Geburtsdatums (Tag, Monat, Jahr) wird die Quersumme gebildet.
Ist jemand z.B. am 15.5.1981 geboren, ergibt sich die Quersumme 3 (15 + 5 + 1981 = 2001 = 3). Diese Zahl steht für die Persönlichkeitskarte III Die Herrscherin. In diesem Fall ist die Zahl einstellig, somit sind Persönlichkeitskarte und Wesenskarte identisch. Ist die Quersumme der Persönlichkeitskarte zweistellig, wird, um die Wesenskarte zu ermitteln, aus der zweistelligen Zahl erneut die Quersumme gebildet.
War die Geburt z.B. am 20.12.1948 (20 + 12 + 1948 = 1980 = 18), ergibt sich die Quersumme 18, und die Persönlichkeitskarte ist XVIII Der Mond. Die erneute Quersumme ist 9 (1 + 8 = 9), so ergibt sich als Wesenskarte in diesem Falle IX Der Eremit.

Persönlichkeitskarte

XVIII Der Mond:
Zu den Hauptmerkmalen Ihrer Persönlichkeit gehören der Bereich der Emotionen, die tief in Ihrer geheimnisvollen und rätselhaften Seele liegen, die Begegnung und Auseinandersetzung mit intensiven Träumen sowie die Erforschung der Untiefen Ihrer eigenen Psyche.

Sie haben die Begabung für ahnendes Vorausschauen, und es fällt Ihnen leicht, sich von Ihrer Intuition leiten zu lassen. Sie schöpfen aus den verborgenen

Der Mond geleitet Sie ins seelische Schattenreich hinab.

Persönlichkeits-, Wesens- und Wachstumskarte

Bereichen der Seele und beschäftigen sich mit Hintergründigem und Jenseitigem. Die Gefahr ist groß, aus der Realität abzudriften, sich im Irrgarten des Unterbewussten zu verlieren und ohne ersichtlichen Grund wechselnden Stimmungen und einer unergründlichen Angst ausgeliefert zu sein.

Wesenskarte

IX Der Eremit:
Ihr Wesen ist geprägt von Geduld, Ernsthaftigkeit, Zurückhaltung, Bescheidenheit, Reife und Besonnenheit.
Ihr nach innen gerichtetes Auge schaut hinter die Fassade und erkennt somit alles Unechte. In sich gekehrt entdecken Sie die vielen Schönheiten und Geheimnisse in sich und bei anderen Menschen. Sie finden zu Ihrer inneren Kraft, Stabilität und Geborgenheit, wenn Sie in regelmäßigen Abständen Ihrem Bedürfnis nach Rückzug und Alleinsein nachgeben. In der Einsamkeit gelingt es Ihnen, die Welt »draußen« abzuschütteln und zu vergessen.
Sie brauchen diese Zurückgezogenheit in die eigene Seele und Gedankenwelt, um sich auf das Wesentliche konzentrieren zu können und Klarheit darüber zu gewinnen, was für Sie im Leben tatsächlich von Bedeutung ist, um reife Entscheidungen treffen zu können.

Im Rückzug schenkt der Eremit innere Kraft und Geborgenheit.

Wachstumskarte

Zusätzlich zur Persönlichkeitskarte und zur Wesenskarte kann man auch eine so genannte Wachstumskarte ermitteln. Sie wird im Gegensatz zur Jahreskarte, die ja verdeckt gezogen wird, aus dem Geburtstag, dem Geburtsjahr und dem entsprechenden Jahr errechnet.

Einführung

Mit den Liebenden genießen Sie eine romantisch-zärtliche Zeit.

Jemand ist beispielsweise am 21.10. geboren und möchte die Wachstumskarte für das Jahr 2000 erfragen.
Die Quersumme ergibt die 6 (21 + 10 + 2000 = 2031) und damit die Karte VI Die Liebenden. Wenn die Quersumme größer als 22 ist, wird auch hier noch mal die Quersumme gebildet (1. Quersumme = 23, 2. Quersumme = 5).
Mit dieser Karte haben Sie allen Grund, sich zu freuen, glücklich und zufrieden zu sein, denn bei Ihnen dreht sich alles um die Liebe. Jetzt können Sie sich auf ein Jahr voll romantisch-zärtlicher Gefühle und Heiterkeit einstimmen. Freuen Sie sich über die tiefe Zuneigung und Liebe und Freundschaft, die Ihnen entgegengebracht werden. Eine wunderbare Verbindung, die ganz große Liebe, könnte tatsächlich in Ihr Leben treten. Die Karte VI Die Liebenden deutet auch auf die Notwendigkeit hin, eine bestimmte Entscheidung unabhängig und selbstständig zu treffen. Dabei kann es sich um eine Liebesbeziehung handeln, aber auch um eine wichtige berufliche Angelegenheit.

Die folgende Kurzzusammenfassung ist eine Orientierungshilfe und erleichtert die Deutung:
• Welches Element überwiegt? Sind beispielsweise überwiegend Stäbe in dem Spiel, dann geht es hauptsächlich darum, die Angelegenheit optimistisch zu betrachten, sich den Herausforderungen zu stellen und aktiv zu sein.
• Wie hoch ist die Anzahl der Karten der Großen Arkana? Je mehr Trumpfkarten in einem Spiel auftauchen, umso wichtiger ist das Thema.
• Wie viele auf dem Kopf stehende Karten haben Sie gelegt? Da diese Karten sehr unterschiedlich

gedeutet werden, erscheint es sinnvoll, sie einfach in ihre richtige Position zu legen. Die »positive« oder »negative« Deutung einer Karte ergibt sich sowieso nur aus der Zusammenschau aller gelegten Karten.

Legebilder

Es gibt viele verschiedene Legebilder, die im Laufe der Zeit entwickelt worden sind. Grundsätzlich kann jeder sein eigenes Legebild oder -system kreieren, in welcher Form auch immer es ihm beliebt.

Beispiel 1

Wenn Sie eine einfache und schnelle Aussage oder Hilfestellung suchen, dann ziehen Sie drei Karten. Sie möchten beispielsweise etwas über den Stand Ihrer persönlichen Entwicklung erfahren.
Dazu mischen Sie das ganze Kartenset, heben ab und wählen aus den verdeckt vor Ihnen liegenden Karten mit der linken Hand drei aus.
Die erste Karte beleuchtet Ihren Zustand in der Vergangenheit. Die zweite Karte reflektiert die gegenwärtigen Einflüsse, und die dritte Karte gibt einen Ausblick auf künftige Entwicklungen und Ereignisse.

• Erste Karte: Vergangenheit = 4 der Kelche
Die Zeit, die hinter Ihnen liegt, war geprägt von Missmut, Depressionen, Lustlosigkeit, Teilnahmslosigkeit und fehlendem Interesse an der Gegenwart. Eine emotionale Leere, innerer Groll und Unzufriedenheit begleiteten Sie einige Zeit. Ihnen fehlten die Motivation, die Freude und das Interesse, in irgendeiner Weise aktiv zu werden, Kontakte zu anderen aufzunehmen oder Ihren Pflichten nachzukommen.

Themen der 4 der Kelche sind Missmut und Antriebslosigkeit.

Einführung

Vielleicht sind Sie verletzt worden, oder Sie hatten eine unangenehme, ärgerliche Auseinandersetzung. Vielleicht sind Ihre Erwartungen nicht erfüllt worden, und Sie sind frustriert. Möglicherweise kennen Sie aber den Grund für Ihre emotionale Unzufriedenheit und Ihren Ärger gar nicht.

• Zweite Karte: Gegenwart = 6 der Schwerter
Diese Karte, die für die gegenwärtige Situation gezogen wurde, weist darauf hin, dass Sie Ihren Verstand zu Hilfe nehmen sollten, um Verständnis und Einsicht in Ihre schwierige Situation zu gewinnen. Wenn Sie innerlich und äußerlich zur Ruhe kommen, sich von den Meinungen und Erwartungshaltungen anderer freimachen, finden Sie auch wieder zu Ihren eigenen Zielen und Absichten. Ihnen

Die 6 der Schwerter fordert Sie zur Besinnung auf sich selbst auf.

wird klar, wie Sie sich verstrickt haben, auf welche Weise Sie sich abhängig gemacht haben und wo Sie unselbstständig geworden

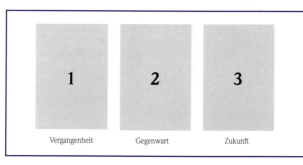

Vergangenheit   Gegenwart   Zukunft

sind. Eine schmerzliche Ablösung von bisher lieb gewonnenen Menschen und Gefühlen, ein Abschied von bestimmten Verhaltensweisen oder Ideen, eine Veränderung im Berufsleben und die Trauer über all diese Dinge bedeuten letztendlich eine Befreiung. Sie sind notwendig, um innerlich zur Ruhe zu kommen und Harmonie zu finden, sich optimistisch neuen, unbekannten Erfahrungen zu öffnen, um künftig wieder eigenständige Wege gehen zu können.

• Dritte Karte: Zukunft = XVII
Der Stern
Die zukunftsweisende Karte deutet darauf hin, dass nach einer schweren Zeit der Enttäuschungen, der Unsicherheit und der Verluste nun wieder Hoffnung, Optimismus, Zuversicht, Vertrauen und Liebe einkehren werden: eine ideale und wichtige Zeit, um alle Zweifel und Ungereimtheiten hinter sich zu lassen. Sie entwickeln wieder genügend Antrieb, um offen und verständnisvoll auf andere Menschen zuzugehen und sich auf sie einzulassen. Jetzt sollten Sie aus dem Vollen schöpfen, an die Zukunft denken, einen Neuanfang wagen oder längerfristige Pläne schmieden. Ihnen stehen alle Türen weit offen, Sie müssen nur genug Ruhe, Selbstvertrauen und Kraft entwickeln, dann liegt eine lange Periode des Glücks und des Erfolgs vor Ihnen.

Beispiel 2

Das bekannteste, älteste und beliebteste Legebild ist das »Keltische Kreuz«, bei dem alle Karten der Großen und Kleinen Arkana im Spiel sind. Es bezieht sich auf die Vergangenheit, die Gegenwart und die Zukunft.
Zehn Karten werden in der auf der nächsten Seite dargestellten Weise ausgelegt, wobei die

Der Stern weist auf eine erfolgreiche, glückliche Zukunft voraus.

Einführung

Das Keltische Kreuz

10

Endergebnis

3

Mögliche Zukunft

Gegenwärtiger Einfluss

9

Hoffnungen und Ängste

5

1

2

6

Ereignis in der jüngeren Vergangenheit (ein paar Monate)

Hilfen oder Hindernisse (Gegenwart)

Nahe Zukunft

8

1. Umfeld (Zuhause oder Arbeit) 2. Wie andere den Ratsuchenden in dieser Situation sehen

4

Vergangenheit

7

Einstellung des Ratsuchenden

Was die Positionen des »Keltischen Kreuzes« bedeuten

einzelnen Positionen – zunächst als Modell gesehen – folgendermaßen zu deuten sind:
• Position 1: Weist auf das zentrale Thema, die gegenwärtige Situation hin.
• Position 2: Weist auf fördernde oder hemmende Einflüsse hin.
• Position 3: Weist darauf hin, was im Zusammenhang mit der Frage bewusst ist, auch auf ein mögliches Ergebnis, auf eine mögliche Zukunft der betreffenden Angelegenheit.
• Position 4: Weist darauf hin, was im Zusammenhang mit der Frage unbewusst ist, auch auf den Hintergrund der Frage.
• Position 5: Weist auf die jüngere Vergangenheit hin.
• Position 6: Weist auf das hin, was in näherer Zukunft in dieser Angelegenheit geschehen wird.
• Position 7: Weist auf den Frager selbst und seine Einstellung in dieser Angelegenheit hin.
• Position 8: Weist auf sein Umfeld und dessen Einstellung hin.
• Position 9: Weist hin auf die Hoffnungen und/oder Ängste des Fragers in dieser Sache.
• Position 10: Weist auf das Ergebnis oder auf die weitere Zukunft hin.

In unserem konkreten Beispiel hatte der Frager überraschend ein Angebot erhalten, bei einem Forschungsprojekt mitzuwirken. Nun wollte er wissen, wie seine weitere berufliche Entwicklung verlaufen würde.

• Position 1: Zentrales Thema, gegenwärtige Situation
Das ist hier die Karte 9 der Schwerter. Die Karte drückt aus, dass dem Frager das Angebot zu schaffen macht und für ihn eine große Belastung bedeutet. Er fühlt sich sehr unsicher, unter Druck gesetzt, und er hat Angst, bei der Erfüllung der Aufgaben zu versagen.

Die 2 der Münzen mahnt Anpassungsbereitschaft an.

Einführung

Die 5 der Stäbe verlangt Konfliktfähigkeit und Durchhaltevermögen.

• Position 2: Fördernde oder hemmende Einflüsse
Das ist hier die Karte 2 der Münzen. Dabei geht es für den Frager darum, spielerisch, flexibel und locker mit der Situation umzugehen. Er sollte sich den veränderten Umständen anpassen, Veränderungen und Unsicherheiten als etwas Normales ansehen.

• Position 3: Was dem Frager bewusst ist, aber auch: ein Hinweis auf ein mögliches Endergebnis
Hier im Beispiel ist es die Karte 5 der Stäbe. Der Frager ist sich bewusst, dass diese Beschäftigung und die Arbeit im Team eine ständige Herausforderung für ihn bedeuten. Das heißt, er muss lernen, sich zu behaupten, Konfliktbereitschaft zeigen und sich den Problemen stellen, dabei mutig an den eigenen Visionen und Zielen festhalten.

• Position 4: Die unbewusste Seite der Frage, aber auch: der Hintergrund
Hier ist es die Karte IV Der Herrscher. Unbewusst spürt der Frager, dass sich die Angelegenheit auf einem verlässlichen, sicheren und soliden Boden befindet. Das Angebot scheint keine Eintagsfliege zu sein.

• Position 5: Weist auf die jüngere Vergangenheit hin
In unserem Beispiel ist es die Karte 8 der Münzen. In der Vergangenheit hat der Frager solide, gründliche Arbeit geleistet, er hat hart gearbeitet und mit Geduld, Beharrlichkeit und Gelassenheit Schritt für Schritt seine Fertigkeiten entwickelt.

• Position 6: Weist darauf hin, was in der näheren Zukunft geschehen wird
In unserem Beispiel ist es die Karte 8 der Stäbe. Dem Frager steht eine schwungvolle, ener-

Deutung »Keltisches Kreuz«

gierige Zeit bevor, wodurch Bewegung in die Angelegenheit kommt. Er wird aufgefordert, die Initiative zu ergreifen, Vorschläge zu unterbreiten und eine baldige Entscheidung zu treffen.

• Position 7: Weist auf den Frager selbst und seine Einstellung in dieser Angelegenheit hin
Hier ist es die Karte IX Der Eremit. Diese bringt sein Bedürfnis nach Rückzug und Besinnung zum Ausdruck, um sich unabhängig von äußeren Angelegenheiten ein objektives Bild machen zu können. Dabei möchte er herausfinden, was für ihn wirklich wichtig ist und welchen Weg er gehen möchte. Nur so kann er zu einer ausgereiften Entscheidung kommen.

• Position 8: Weist auf Umfeld und Einstellung des Fragers hin
In diesem Beispiel ist es die Karte König der Stäbe. Das Umfeld zeigt sich hilfreich in der Gestalt eines dynamischen, entschlossenen, großzügigen, optimistischen, souveränen Mannes. Möglicherweise erhält der Frager durch ihn einen gut gemeinten Rat, positive Unterstützung, um seine Forderungen und Ideen durchzusetzen, oder er ist ihm behilflich bei der Entscheidungsfindung.

• Position 9: Weist auf die Hoffnungen oder Ängste des Fragers in dieser Sache
Hier wurde die Karte As der Münzen gezogen. Er hat die Hoffnung, dass die Mitarbeit bei diesem Projekt eine große Chance sein könnte, zu einem gesicherten Gehalt, zu innerem und äußerem Reichtum zu kommen.

• Position 10: Weist auf das Ergebnis oder auf die weitere Zukunft hin
In diesem Beispiel ist das die Karte 6 der Stäbe. Langfristig wird

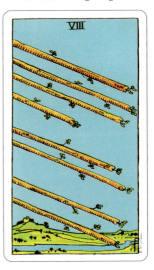

Die 8 der Stäbe treibt zu Aktivitäten und Entscheidungen an.

Einführung

der Frager Anerkennung ernten, Erfolg und Glück haben, Selbstvertrauen nach überwundenen schwierigen Zeiten und inneren Zweifeln entwickeln, Vertrauen in seine Fähigkeiten gewinnen, so dass ein echter Durchbruch möglich sein wird.

Zusammenfassung

Das Angebot, bei einem neuartigen, ungewöhnlichen Projekt mitarbeiten zu können, ist von Erfolg gekrönt. Es bietet dem Frager die Möglichkeit, einen gewaltigen Schritt vorwärts zu kommen, Anerkennung zu erwerben und einen Zuwachs an Selbstvertrauen zu gewinnen (Position 10 = 6 der Stäbe). Zudem steht die Angelegenheit auf einem soliden Fundament und ist in keiner Weise gefährdet, wie eine Seifenblase zu platzen (Position 4 = IV Der Herrscher). Zunächst beschert ihm das Angebot jedoch ziemlich unruhige Stunden (Position 1 = 9 der Schwerter). Zum einen ist er sich unsicher, ob er der Aufgabe überhaupt gewachsen ist, zum anderen müsste er sich, um ihr gerecht zu werden, dabei aus seinem bisher gewohnten, sicheren Umfeld lösen. Er erhofft sich bei einem beruflichen Wechsel auch erhebliche finanzielle Vorteile (Position 9 = As der Münzen).

Der aufmunternde Impuls (Position 2 = 2 der Münzen) gibt ihm den Hinweis, die Angelegenheit zunächst von der lockeren Seite aus zu betrachten und vielleicht die positiven Seiten hervorzuheben. Sehr klar und bewusst ist ihm, dass die neue Aufgabe ihn in jedem Fall herausfordern würde und er lernen müsste, seine Positionen zu vertreten (Position 3 = 5 der Stäbe). Aufgrund seiner gründlichen Ausbildung, seiner Talente und Fertigkeiten, die er in der Vergangenheit ent-

Der König der Stäbe unterstützt Sie bei der Umsetzung Ihrer Ideen.

Deutung »Keltisches Kreuz«

wickelt hat, dürfte ihm das nicht schwer fallen (Position 5 = 8 der Münzen). Er beansprucht für sich eine gewisse »Auszeit«, eine Zeit der inneren Einkehr, um über seinen weiteren Weg ins Klare zu kommen (Position 7 = IX Der Eremit). Allerdings deutet die Karte auf Position 6 (8 der Stäbe) auf eine ziemlich rasche Entwicklung der Angelegenheit hin. Eine große Unterstützung in allen Bereichen – sowohl im beruflichen Sektor als auch im privaten Umfeld – erhält der Frager offensichtlich von einer männlichen Person aus seinem Kreis (Position 8 = König der Stäbe).

Quintessenz

Die Quersumme ergibt die Zahl 7 (9+2+5+4+8+8+9+0+1+6= 52; 5+2=7). Damit erhält der Frager die Aufforderung, mit seinen widersprüchlichen Gefühlen, Wünschen und Bedürfnissen richtig umzugehen. Er sollte sich zuversichtlich, unbeschwert und mit Begeisterung auf seine neue Aufgabe einlassen und für neue Erfahrungen offen sein.

Beispiel 3

Als drittes und letztes Beispiel wird hier ein freies Kartenlegebild in Anlehnung an die Texte in diesem Büchlein zum Thema »Allgemeine Situationsbeschreibung bezüglich einer neuen Begegnung oder Beziehung« dargestellt.

Die einzelnen Positionen bedeuten Folgendes:
• Position 1: Die 2 der Kelche
(»Traditionelle Bedeutung«)
Diese Karte steht für Begegnung, Partnerschaft, Harmonie, Liebenswürdigkeit.
Offensichtlich fand eine offene, unproblematische Begegnung statt, die durchaus erste Anzeichen für eine liebevolle Freundschaft signalisiert.

Die 6 der Stäbe kündigt die Überwindung einer Krise an.

Einführung

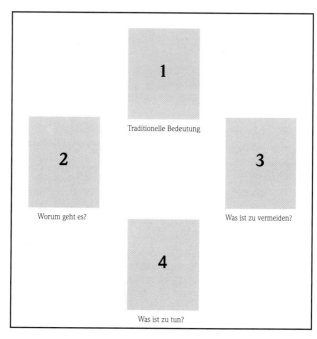

1 — Traditionelle Bedeutung
2 — Worum geht es?
3 — Was ist zu vermeiden?
4 — Was ist zu tun?

• Position 2: Die 9 der Stäbe
(»Worum geht es?«)
Diese vertrauensvolle Begegnung und die liebevolle Zuneigung, die Ihnen entgegengebracht wird, verwirrt Sie und macht Sie unsicher. Unbewusst baut sich eine Abwehrhaltung auf. Aus der Angst heraus, in einer neuen Partnerschaft oder Beziehung letztendlich eine schmerzliche Erfahrung machen zu müssen, eine Niederlage oder einen Verlust zu erleiden, reagieren Sie unbewusst sehr abwehrend.

• Position 3: Die 6 der Schwerter
(»Was ist zu vermeiden?«)
Diese Karte warnt Sie davor, im Vorfeld bereits Unsicherheit, Resignation, Ängstlichkeit und Zweifel im Hinblick auf diese Begegnung zu entwickeln. Sie sollten sich von Ihren schlechten Erfahrungen aus der Vergangenheit

Deutung Legebeispiel 3

lösen, Trauer, Kummer und Sorgen hinter sich lassen. Wenn Sie innerlich zur Ruhe kommen, gelingt es Ihnen ohne Vorurteile, gelassen und optimistisch auf die neue Begegnung zuzugehen.

• Position 4: 0 Der Narr
(»Was ist zu tun?«)
Diese Karte ermuntert Sie, neugierig, offen, fröhlich, unbeschwert und ohne Vorurteile auf die neue Beziehung zuzugehen.

Die Quersumme aller Karten ist die VIII Die Kraft. Sie verweist auf herzliche und leidenschaftliche Gefühle in dieser Beziehung.

Das Tarot-Tagebuch

Wenn Sie an den vorgestellten Legebeispielen Gefallen gefunden haben, sollten Sie es sich zur Gewohnheit machen, ein Tarot-Tagebuch zu führen, in dem Sie mit Angabe der Themafrage und des Datums die Ergebnisse Ihrer Kartenlegungen festhalten. So können Sie auf schriftliche Unterlagen zurückgreifen, wenn Sie beispielsweise mit einer Vertrauensperson über Ihre Deutung der gelegten Karten sprechen wollen. Gleichzeitig haben Sie die Möglichkeit, einzelne Legungen über einen längeren Zeitraum miteinander zu vergleichen.

Der Nutzen, den Sie daraus ziehen, ist ein doppelter: Zum einen können Sie rückwirkend die tatsächlich eingetretenen Ereignisse mit Ihrer vorherigen Deutung vergleichen und daraus ersehen, ob Sie richtig oder falsch lagen, ob Sie eher zum »Schönfärben« oder zum »Schwarzmalen« neigen; zum anderen können Sie anhand einer Kette von Legungen überprüfen, wie Ihre persönliche Entwicklung verlaufen ist. Dies wird Ihnen wichtige Erkenntnisse und Impulse für die Zukunft liefern.

Die Kraft weiß Leidenschaft mit Triebkontrolle zu verbinden.

Die Großen Arkana

0 Der Narr

Traditionelle Bedeutung

Impuls, Vorwärtsdrängen, Neuanfang, Begeisterung, Unbekümmertheit, Unbeschwertheit, Mut, Flexibilität, Unabhängigkeit, Kreativität, Spontaneität, Ungeduld

Worum geht es?
Aufbruch!

Um den Beginn einer neuen Lebensphase. Um den Mut, sich etwas Neuem, völlig Unbekanntem zu öffnen und damit Erfahrungen zu sammeln.

Der Narr repräsentiert den Neubeginn und den Mut zum Risiko.

Was ist zu tun?

Mit Begeisterung und ohne zu zögern die Herausforderung zur Veränderung annehmen.
Neue Möglichkeiten und günstige Gelegenheiten gezielt für sich nutzen.

... im Umgang mit anderen

Neugierig, fröhlich, offen, vorurteilslos und unbeschwert Beziehungen knüpfen.
Ohne Angst und Furcht sich vollkommen neuen Verbindungen stellen.

... im Arbeitsbereich

Durch flexibles und aufgeschlossenes Verhalten Chancen erkennen und nutzen.
Sich auf seinen sechsten Sinn verlassen.
Risikobereitschaft zeigen.

Was ist zu vermeiden?

Taktlosigkeit, Inkonsequenz, Rücksichtslosigkeit, Ellenbogenmentalität, Feigheit, Mutlosigkeit, Bestechlichkeit, Hinterlist, Betrug

I Der Magier

Traditionelle Bedeutung

Macht, Entschlusskraft, Wille, Verstand, Mut, Optimismus, Bewusstsein, Selbstvertrauen, Aktivität, Selbstgestaltung, Kreativität, Unabhängigkeit, Energie

Worum geht es?
Willenskraft!

Um die Fähigkeit, Impulse, Ideen, Gedanken und Phantasien aufzunehmen, die vorhandenen Möglichkeiten zu erkennen, sie in die Tat umzusetzen und zu verwirklichen.

Der Magier besticht durch Selbstbewusstsein und Kreativität.

Was ist zu tun?

Handeln statt reagieren, konkrete Schritte einleiten, um das gesteckte Ziel zu erreichen. Bewusst, diszipliniert, klar, eindeutig und entschieden seinen Weg gehen.

... im Umgang mit anderen

Selbst entschlossen die Initiative ergreifen. Herzlich, wohlwollend, offen und aufgeschlossen auf andere zugehen.
Vermittelnd eingreifen, um Probleme zu lösen.

... im Arbeitsbereich

Sich von seinen Inspirationen beflügeln lassen, Impulse geben oder aufnehmen.
Humor, Heiterkeit, Durchsetzungskraft und Entschlossenheit in seine Arbeit einfließen lassen. Einfluss geltend machen, mit seinem Können überzeugen.

Was ist zu vermeiden?

Tricks, Gaunereien, Manipulationen, Apathie, Lügen, Machtmissbrauch, Hinterlist, Schwäche

Die Großen Arkana

II Die Hohepriesterin

Traditionelle Bedeutung

Intuition, Verborgenes, Geheimnisvolles, Träume, Symbole, Phantasien, Ahnungen, Irrationales, Weisheit, Geduld, Fürsorge, Verständnis, Anteilnahme

Die Hohepriesterin steht für unsere verborgene Innenwelt.

Worum geht es?

Unbewusstes!

Um Licht und Schatten, um kreative und zerstörerische, um gute und schlechte Potenziale unseres Wesens.
Um das Vertrauen in die Weisheit der unbewussten Kräfte, zu unserer geheimnisvollen inneren, verborgenen Welt.

Was ist zu tun?

Auf die eigene Intuition, auf die innere Stimme hören. Sich der Welt der Träume, Gefühle, Gedanken und Phantasien öffnen. Rückzug, Ruhe, Rückbesinnung.

... im Umgang mit anderen

Die Bereitschaft, auf andere zuzugehen, jederzeit zu helfen. Sich tiefem inneren Glück öffnen und die Verbundenheit zu den Mitmenschen suchen.

... im Arbeitsbereich

Die Fähigkeit, künftige Entwicklungen zu erahnen und sie in seine Arbeit einfließen zu lassen. Abwarten, bis der passende Zeitpunkt gekommen ist, vorhandene Potenziale umzusetzen,

Was ist zu vermeiden?

Launen, Unberechenbarkeit, Reizbarkeit, Angst, Passivität

Die Hohepriesterin/Die Herrscherin

III Die Herrscherin

Traditionelle Bedeutung

Wachstum, Veränderung, Neubeginn, Sinnlichkeit, Leidenschaft, Gefühle, Mütterlichkeit, Fürsorge, Liebe, Fruchtbarkeit, Reife, Kraft, Schönheit, Weisheit, Frieden, Vertrauen, Üppigkeit

Worum geht es?

Lebensfreude!

Um Entfaltung von Sinnenfreuden, natürlichen Instinkten und Leidenschaften.
Um Wachstum und Entwicklung emotionaler, geistiger und finanzieller Möglichkeiten.
Um ein inneres Gefühl der Sicherheit und des Vertrauens und um bedingungslose Liebe.

Was ist zu tun?

Geduld und Gelassenheit entwickeln, bis der richtige Zeitpunkt zum realistischen und pragmatischen Handeln gekommen ist.

... im Umgang mit anderen

Neue Verbindungen und Beziehungen eingehen.

Mit Macht drängt die Herrscherin auf Entfaltung der Leidenschaften.

Veränderung, Loslösungsprozesse, Trennung akzeptieren.

... im Arbeitsbereich

Kreative, schöpferische, gestalterische Phasen nutzen.
Sich auf Veränderungen und neue Aufgaben im Beschäftigungsbereich einstellen.

Was ist zu vermeiden?

Stagnation, Trägheit, Dumpfheit, Gleichgültigkeit, Ärger, Wut, Groll, Hemmungslosigkeit, Geiz

Die Großen Arkana

IV Der Herrscher

Traditionelle Bedeutung

Stabilität, Ordnung, Struktur, Leistung, Unabhängigkeit, Reife, Macht, Ruhe, Wahrhaftigkeit, Ehrgeiz, Autorität, Klarheit, Disziplin, Gewissenhaftigkeit, Voraussicht

Worum geht es?

Verantwortung!

Um die Entwicklung innerer Kraft und Stärke, damit man die Herausforderungen, Aufgaben und Hürden des Lebens überlegen meistern kann.

Was ist zu tun?

Einen eigenen Standpunkt und Prinzipien im Leben finden und diese vertreten.
Aktiv, fleißig, effektiv und beharrlich Ideen und Vorstellungen umsetzen. Eine übertragene Aufgabe zu Ende führen.

... im Umgang mit anderen

Geduld zeigen und Verantwortung übernehmen.
Klare und dauerhafte Verhältnisse in Verbindungen oder Beziehungen schaffen.

Der Herrscher symbolisiert Ordnung und Verantwortungsgefühl.

... im Arbeitsbereich

Ehrgeizig und diszipliniert Unternehmungen angehen.
Gewissenhaft und ausdauernd vorgehen. Sich unter keinen Umständen und von niemandem daran hindern lassen, die gesteckten Ziele und Wünsche zu erreichen.

Was ist zu vermeiden?

Sturheit, Arroganz, Unstetigkeit, Verschlossenheit, Kälte, Härte, Rücksichtslosigkeit, Strenge

V Der Hohepriester

Traditionelle Bedeutung

Einsicht, Verständnis, Sinnsuche, Gerechtigkeit, hohe Werte und Ziele, Glaube, Ideale, Souveränität, Überzeugung, Weisheit, Moral, Idealismus, Würde

Worum geht es?

Vertrauen!

Um das Verstehen und die Einsicht in die physischen, psychischen und geistigen Zusammenhänge im Leben.
Um die Frage nach dem verborgenen Sinn des Lebens.

Was ist zu tun?

Innere Sicherheit, Selbstvertrauen, Gelassenheit und Überzeugung gewinnen.
Auf die innere Stimme hören.
Kontakt zu unserer inneren, spirituellen Welt, zu unserem Gewissen suchen.

... im Umgang mit anderen

Mitmenschen mit Vertrauen, Fürsorge und Großmut begegnen; sich für deren Nöte und Probleme einsetzen.

Der Hohepriester begleitet uns auf der Suche nach Sinn.

Ihnen ein Vermittler und Berater sein; Verständnis, Vertrauen, Hilfe und Trost anbieten.

... im Arbeitsbereich

Überzeugungen treu bleiben.
Vertrauen entfalten, vom positiven Verlauf künftiger Entwicklungen überzeugt sein.

Was ist zu vermeiden?

Scheinheiligkeit, Großspurigkeit, Rechthaberei, Arroganz, Leichtgläubigkeit, Schwäche

Die Großen Arkana

VI Die Liebenden

Traditionelle Bedeutung

Liebe, Hingabe, Erotik, Sinnlichkeit, Glück, Harmonie, Leidenschaft, Begierde, Verlangen, Verständnis, Beziehungen, Veränderung

Worum geht es?

Entscheidung!

Um die Notwendigkeit, eine Entscheidung von großer Tragweite unabhängig und selbstständig zu treffen.
Um die Fähigkeit, einen Konflikt zu lösen.
Um tiefe, echte, wahre Liebeserfahrung, Hingabe und Anteilnahme(bereitschaft).

Was ist zu tun?

Den Weg der Liebe vertrauensvoll gehen.
Die Konsequenzen der getroffenen Entscheidung auf das Genaueste bedenken und sie zu tragen bereit sein.

... im Umgang mit anderen

Tiefes Glück und wirkliche Verbundenheit in einer Partnerschaft erleben.

Die Liebenden bringen uns auf den Weg zu Harmonie und Glück.

Sich entscheiden aus Abhängigkeiten, quälenden und demütigenden Beziehungen lösen.

... im Arbeitsbereich

Mit Freude, frohem Herzen, mutig und eindeutig zu einer einmal getroffenen Entscheidung stehen.

Was ist zu vermeiden?

Unehrlichkeit, Maßlosigkeit, Unentschlossenheit, Bequemlichkeit, Unsicherheit, Untreue

VII Der Wagen

Traditionelle Bedeutung

Kraft, Energie, Ehrgeiz, Aktivität, Erfolg, Selbstbewusstsein, Willenskraft, Freude, Optimismus, Triebhaftigkeit, Freiheit, Heiterkeit, Erfolg

Worum geht es?

Mut!

Mit widersprüchlichen Gefühlen, Emotionen und Wünschen richtig umgehen, sie kontrollieren und nutzen.

Der Wagen repräsentiert Macht und Durchsetzungsvermögen.

Was ist zu tun?

Aktiv, vital, zuversichtlich und konfliktbereit den eigenen Willen durchsetzen.
Für eigene Vorstellungen kämpfen, sich nicht beirren lassen.

... im Umgang mit anderen

Sich mit den eigenen Widersprüchen, Aggressionen und Konflikten ohne Berührungsangst auseinander setzen.
Innere Kämpfe als Chance zur persönlichen Weiterentwicklung annehmen.
Neuen Schwung und Lebendigkeit in Begegnungen einbringen.

... im Arbeitsbereich

Unbeschwert, forsch, risikofreudig und mit Begeisterung eigene Wege finden und sie selbstbewusst gehen.
Für neue Erfahrungen und Überraschungen offen sein.

Was ist zu vermeiden?

Übertriebenes Geltungsbedürfnis, Selbstüberschätzung, Zerstörung, Unbarmherzigkeit, rücksichtsloser Egoismus, Ungeduld, Streit, Kampf, Depressionen

Die Großen Arkana

VIII Die Kraft

Traditionelle Bedeutung

Lust, Freude, Energie, Engagement, Stärke, Mut, Kraft, Disziplin, Selbstkontrolle, Optimismus, Hoffnung, Vertrauen

Worum geht es?

Leidenschaft!

Um ein tiefes Verständnis für die unbewussten, triebhaften Seiten der Psyche.
Um die Annahme und Integration leidenschaftlicher Energie und Instinkte.

Die Kraft kann helfen, Instinkte und Leidenschaften zu kontrollieren.

Was ist zu tun?

Mit Lebensfreude, Mut, innerer Ruhe, Kraft und Selbstsicherheit dem Leben begegnen.
Mit Selbstbeherrschung Aggressionen bändigen und dadurch bestimmte Situationen oder eine bestimmte Sache in den Griff bekommen. Dabei nicht verbissen werden, sondern lebendig und kreativ bleiben.

... im Umgang mit anderen

Herzliche, wohlwollende, lustvolle Gefühle für andere zum Ausdruck bringen.

Leidenschaften mit Vernunft oder mit Liebe bezwingen; Aussöhnung anstreben.

... im Arbeitsbereich

Mut zum Risiko; mit Engagement und entschlossenem Handeln eigenes Können beweisen.

Was ist zu vermeiden?

Größenwahn, Hochmut, Ichbezogenheit, bedenkenlose Durchsetzung des eigenen Willens; Zorn, Wut, Gewalt, Hass

IX Der Eremit

Traditionelle Bedeutung

Selbsterkenntnis, Abgrenzung, Bescheidenheit, Demut, Gelassenheit, Geduld, Weisheit, Unabhängigkeit, Rückzug, Einsicht, Verständnis, Besinnung

Worum geht es?

Reife!

Um die Entwicklung innerer Kraft, der Stabilität, Geborgenheit und Unabhängigkeit.
Um die Erfahrung, dass man bei den wichtigsten Dingen im Leben ganz auf sich selbst gestellt ist; um das Wissen der eigenen Grenzen.

Was ist zu tun?

In Zurückgezogenheit sich sammeln und auf das Wesentliche konzentrieren.
Klarheit darüber gewinnen, was für den Einzelnen im Leben wirklich wichtig ist.

... im Umgang mit anderen

Rückzug, in sich gekehrt sein. Besinnung und Neubewertung aller zwischenmenschlichen Beziehungen.

Der Eremit lässt uns Klarheit in der Zurückgezogenheit gewinnen.

Sich Konflikten und Verlustängsten in Beziehungen stellen.

... im Arbeitsbereich

Unvoreingenommen die Angelegenheiten betrachten und dann unabhängige und ausgereifte Entscheidungen treffen.

Was ist zu vermeiden?

Verbitterung, Isolation, Einsamkeit, Ignoranz, Angst vor Veränderung, Misstrauen, Überangepasstheit, Frustrationen

Die Großen Arkana

X Das Rad des Schicksals

Traditionelle Bedeutung

Fluss des Lebens, Veränderung, neuer Zyklus, Wandel, überraschende Wende, Erkenntnis, Realität, Gegenwart

Worum geht es?

Wandel und Anpassung!

Um Erfahrungen im Leben, denen wir ausgeliefert sind, und um die Einsicht in die Notwendigkeit, sie anzunehmen.
Um die Annahme des Schicksals.
Um das Auf und Ab im Leben.

Mit dem Schicksalsrad lernen wir, unser Leben anzunehmen.

Was ist zu tun?

Die Ereignisse und Dinge annehmen, wie sie sind, und dahinter gleichzeitig den günstigen Moment einer Chance zur Veränderung oder zu einer neuen Aufgabe erkennen.
Einen Überblick über das bisherige Leben gewinnen, die Zusammenhänge und Hintergründe verstehen lernen.

... im Umgang mit anderen

Sich bedeutsamen, unausweichlichen Begegnungen stellen.

Sich Entwicklungen in Beziehungen anpassen.

... im Arbeitsbereich

Den richtigen Zeitpunkt erkennen, um Probleme anzupacken und zu lösen.
Neue Möglichkeiten, günstige Augenblicke erkennen und sie für sich nutzen.

Was ist zu vermeiden?

Zerstörung(swut), Lebensverneinung, Resignation, Passivität

XI Die Gerechtigkeit

Traditionelle Bedeutung

Gleichgewicht, Balance, Urteil, Vernunft, Intelligenz, Gerechtigkeit, Gleichberechtigung, Ausgleich, Harmonie, Stabilität, Unerschütterlichkeit, Voraussicht, Aufrichtigkeit

Worum geht es?

Objektivität!

Um die Fähigkeit, die Dinge rational abzuwägen.
Um ein faires und ausgewogenes Urteil.
Um eine klare, objektive Entscheidungsfindung.

Was ist zu tun?

Unsere Handlungen selbstkritisch, auch im Hinblick auf die Zukunft, prüfen.
Die möglichen Auswirkungen unserer Handlungen nach allen Seiten hin bedenken.

... im Umgang mit anderen

Fairness, Ausgewogenheit, Zuverlässigkeit und Gleichwertigkeit in Beziehungen als notwendige Voraussetzungen für ein

Die Gerechtigkeit ermahnt uns zu selbstkritischer Prüfung.

gelingendes Miteinander erkennen, akzeptieren und pflegen.

... im Arbeitsbereich

Eigenverantwortlich sein, entschlossen und zielstrebig für eine Sache eintreten.
Unparteiische Lösungen finden und Entscheidungen treffen.

Was ist zu vermeiden?

Unaufrichtigkeit, Täuschungsmanöver, Bestechlichkeit, Kälte, Humorlosigkeit, Gleichgültigkeit

Die Großen Arkana

XII Der Gehängte

Traditionelle Bedeutung

Krise, Schwierigkeiten, Bewusstseinserweiterung, Opfer, Erlösung, Stillstand, Vertrauen, Reife, Hingabe, Blockade, Krankheit, Ruhe

Worum geht es?

Umkehr!

Um die Aufforderung, die Dinge und Menschen aus einem veränderten Blickwinkel zu betrachten und wahrzunehmen.
Um die Bereitschaft und Notwendigkeit, alte, inzwischen überholte Wertvorstellungen über Bord zu werfen und sich neuen Einsichten zu öffnen.

Was ist zu tun?

Warten, hoffen, auf die Zukunft vertrauen.
Herkömmliche und vertraute Wege verlassen. Etwas vollkommen Neues wagen.

... im Umgang mit anderen

Loslassen, verzichten und umdenken ist in Beziehungen oder im Umgang mit anderen notwendig, damit man zu einer neuen

Der Gehängte spornt uns an, ausgetretene Pfade zu verlassen.

Einstellung und zu einem besseren Lebensgefühl finden kann.

... im Arbeitsbereich

Trotz Schwierigkeiten, Verzögerungen und Behinderungen geduldig bleiben.
Offen und aufmerksam Impulse von außen annehmen.

Was ist zu vermeiden?

Angst, Selbstaufgabe, Anpassung, Fremdbestimmung, Wirklichkeitsflucht, Isolation, Engstirnigkeit

Der Gehängte/Der Tod

XIII Der Tod

Traditionelle Bedeutung

Abschied, Trauer, Wehmut, Schmerz, Abschluss, Trennung, Veränderung, Umwandlung, Endgültigkeit, Überwindung, Vergänglichkeit

Worum geht es?

Loslassen!

Um das Ende eines Lebensabschnittes oder einer bestimmten Entwicklungsphase.
Um einen Neuanfang.
Um Tod und Leben.

Was ist zu tun?

Altes, Überkommenes aufgeben, hinter sich lassen.
Den Weg für Unbekanntes, Unerforschtes ebnen.
Sich auf neue Erfahrungen bereitwillig einlassen.

... im Umgang mit anderen

Sich befreien und Trennungen vollziehen. Ängstliches Festhalten an Beziehungen als Behinderung der individuellen Entwicklung begreifen.
Erkennen, dass sich durch die Bereitschaft zur Veränderung

Der Tod repräsentiert das Ende eines Entwicklungsabschnittes.

ganz neue Lebensumstände und -perspektiven ergeben.

... im Arbeitsbereich

Den endgültigen Abschluss einer Angelegenheit akzeptieren.
Die Möglichkeiten eines Neuanfangs dankbar wahrnehmen.

Was ist zu vermeiden?

Lebens- und Verlassenheitsängste, Furcht, Flucht in Depressionen, Verweigerung, rigide Zerstörung, Lebensverneinung

Die Großen Arkana

XIV Die Mäßigkeit

Traditionelle Bedeutung

Freude, Ruhe, Gleichgewicht, Harmonie, Ausgewogenheit, Glück, Vernunft, Bewusstsein, Geduld, Verbundenheit, Mitgefühl, Gelassenheit, Hoffnung

Worum geht es?

Ausgewogenheit!

Um das richtige Maß im Umgang mit Menschen und Dingen, um das innere und das äußere Gleichgewicht.
Um die Verbindung von Gegensätzen und um das Streben nach Harmonie, Ausgeglichenheit und Mitgefühl.

Was ist zu tun?

Freude am Dasein empfinden, ohne dass es von einer Absicht geleitet ist.
Zeiten des Glücks, der Harmonie, des Friedens und der Gelassenheit schätzen lernen und für sich bewahren.

... im Umgang mit anderen

Verbindungen suchen, eingehen und gestalten.

Die Mäßigkeit stellt uns die Aufgabe innerer und äußerer Stabilität.

Die Fähigkeit, zu geben und zu nehmen, entwickeln.

... im Arbeitsbereich

Den Erfolg suchen durch ruhiges, sorgfältiges Abwägen verschiedener Möglichkeiten in einer entspannten und friedlichen Atmosphäre.

Was ist zu vermeiden?

Frustration, Langeweile, Übertreibungen, Hektik, Selbstzweifel, Extreme, Ungeduld

Die Mäßigkeit / Der Teufel

XV Der Teufel

Traditionelle Bedeutung

Instinkte, Urkräfte, Triebe, Macht und Machtmissbrauch, Angst, Ohnmacht, Versuchung, Sucht, Verführung, Leidenschaft, Gewalt(bereitschaft)

Worum geht es?

Schattenseiten!

Um die Begegnung mit den unbewussten Seiten unserer Persönlichkeit, die sehr häufig gefürchtet, verabscheut und verdrängt werden.

Was ist zu tun?

Die Notwendigkeit erkennen, eigene Hemmungen, Blockierungen, niedere Instinkte sowie die dunklen, zerstörerischen Seiten und die sexuellen Impulse zu ergründen; nur wenn man sich diesen Seiten der Persönlichkeit stellt, sich mit ihnen auseinander setzt und sie akzeptiert, ist eine Befreiung möglich.

... im Umgang mit anderen

Sich aus dem Teufelskreis von Abhängigkeiten, leidenschaftlichen Verstrickungen und den

Der Teufel führt zur Begegnung mit den Schattenseiten unseres Ichs.

dadurch verursachten Leiden entschlossen lösen.

... im Arbeitsbereich

Einer materialistischen Sicht, die letztlich zu Bestechlichkeit, Abhängigkeit und Machtkämpfen führt, abschwören.

Was ist zu vermeiden?

Machtmissbrauch, Abhängigkeiten, Tyrannei, Zwanghaftigkeit, Kontrollverhalten, Verdrängung, andere Menschen hintergehen

Die Großen Arkana

XVI Der Turm

Traditionelle Bedeutung

Prüfung, Erkenntnis, Befreiung, Freiheit, Durchbruch, Umbruch, Bewusstsein, Aufbruch, Katastrophe, Bewusstseinsveränderung

Worum geht es?

Zusammenbruch!

Um die Zerstörung und Erneuerung alter Gewohnheiten, Formen, Wertvorstellungen, Verhaltensweisen und die Auflösung festgefahrener Situationen.

Was ist zu tun?

Sich von inneren und äußeren Strukturen befreien, was mit schmerzlichen Erfahrungen und Krisen verbunden ist; letztlich beinhaltet es eine Änderung des eigenen Lebens auf mehr Offenheit und Optimismus hin.

... im Umgang mit anderen

Sich Konflikten, Auseinandersetzungen, heftigen Gefühlswallungen stellen; dies führt zu einer realistischen, ungeschminkten Sicht der Dinge.
Wieder aufbrechende Probleme nicht länger beiseite schieben.

Der Turm fordert uns zu Konfliktbereitschaft und Problemlösung auf.

... im Arbeitsbereich

Sich mit plötzlichen, unliebsamen Veränderungen und Überraschungen auseinander setzen. Bisherige Sicherheiten infrage stellen und neu diskutieren; flexibel sein.

Was ist zu vermeiden?

Selbstzerstörung, Gewalt, Kontrolle, Engstirnigkeit, Illusionen, blockierte Energie, Unsicherheit, Festhalten an alten Verhaltensmustern, Sicherheitsstreben

XVII Der Stern

Traditionelle Bedeutung

Schönheit, Freude, Frohsinn, Heilung, Vollkommenheit, Licht, Glück, Selbstvertrauen, Enthusiasmus, Reinheit, Unschuld, Wahrheit, Ganzheit, Kraft, Lebenswille, Optimismus

Worum geht es?

Hoffnung!

Um das richtige Gespür und Verständnis für weitreichende künftige Entwicklungen.

Was ist zu tun?

Hoffnung, Ruhe und Zuversicht einkehren lassen.
Die nötige Kraft und Klarheit für einen entschlossenen Neubeginn aufbringen.
Vertrauen entwickeln.
Gezielt innere Reserven mobilisieren.

... im Umgang mit anderen

Offenherzig, verständnisvoll und vorurteilsfrei auf andere Menschen zugehen und sich auf sie einlassen. Zu einer neuen, glücklichen, leidenschaftlichen Verbindung bereit sein.

Der Stern erhellt unsere inneren und äußeren Wege.

... im Arbeitsbereich

Zukünftige Möglichkeiten nutzen; neue Ziele, neue Arbeitsmöglichkeiten anstreben.
Gute Verhandlungschancen für sich nutzen.
Auf dauerhaften Erfolg, auf Erfüllung der Träume setzen.

Was ist zu vermeiden?

Selbstzufriedenheit, Hoffnungslosigkeit, Mangel an Vertrauen, Unsicherheit, Ignoranz, Überheblichkeit

Die Großen Arkana

XVIII Der Mond

Traditionelle Bedeutung

Träume, Ahnungen, Intuition, Magie, Vision, Illusion, Unbewusstes, Einfühlung, Sehnsüchte, Irrwege, Verführung, Geheimnis, Phantasie, Ängste, Unsicherheit, Grenzerfahrung, Hinter- und Tiefgründiges

Worum geht es?

Abgründe!

Um die Einsicht in die Tiefen unseres Selbst und in die Macht des Unterbewusstseins.
Um die Begegnung und die Auseinandersetzung mit den Bildern unserer Träume, unserer verborgenen Ängsten und heimlichen Sehnsüchten.

Mit dem Mond können wir unsere dunklen Seiten ergründen.

Was ist zu tun?

Die dunklen Tiefen der Seele ergründen.
Sich mutig der Auseinandersetzung mit den (Alp-)Träumen, Abgründen, Gefühlen und Sehnsüchten stellen.

... im Umgang mit anderen

Zur eigenen Unsicherheit, Verwirrtheit, Verletzung und zu den inneren Ängsten und Sehnsüchten stehen.

... im Arbeitsbereich

Abwarten und hoffen.
Sich keinesfalls hinters Licht führen lassen.

Was ist zu vermeiden?

Lügen, Täuschungsmanöver, Verwirrtheit, Stillstand, Feigheit, Launen, Überheblichkeit, Verdrängung, Unbeständigkeit, Chaos, Illusionen

XIX Die Sonne

Traditionelle Bedeutung

Lebensbejahung, Hoffnung, Freiheit, Tatkraft, Vitalität, Licht, Freude, Naivität, Glück, Fülle, Offenheit, Fruchtbarkeit, Optimismus, Großzügigkeit, Vertrauen, Glanz

Worum geht es?

Klarheit!

Um den Glauben, um das Vertrauen und die Zuversicht zu sich selbst.
Um die Einsicht in die wesentlichen Dinge des Lebens.
Um Zukunftsvisionen, Freiheit und Selbsterkenntnis.

Was ist zu tun?

Die Sonnenseite, die Schönheit und Fülle des Lebens wahrnehmen und sie genießen.
Mit Zuversicht, Mut und Selbstvertrauen zeigen, was man kann, und dadurch Hindernisse im Leben überwinden.

... im Umgang mit anderen

Sich von seiner offenen, unbekümmerten, kontaktfreudigen Seite zeigen.

Die Sonne lenkt unseren Blick auf die Schönheiten des Lebens.

Lebendige, liebevolle, bereichernde Begegnungen genießen.

... im Arbeitsbereich

Altes hinter sich lassen und für die Zukunft neu planen.
Selbstbewusst, selbstständig und konkret handeln.

Was ist zu vermeiden?

Größenwahn, Arroganz, Willenlosigkeit, Angst vor Veränderung, Gedankenlosigkeit, Hilflosigkeit, Pessimismus

Die Großen Arkana

XX Das Gericht

Traditionelle Bedeutung

Rückschau, Ernte, Reife, Erneuerung, Leben, Erlösung, Einsicht, Wandlung, Entwicklung, Wachstum, Freiheit, Selbstentfaltung

Worum geht es?

Befreiung!

Um erfolgreiche Bewältigung von Problemen.
Um Loslassen und Befreiung von allen Begrenzungen und Hemmungen.
Um freie Entfaltung und Selbstwerdung.

Das Gericht fordert Befreiung von Begrenzung und Hemmung.

Was ist zu tun?

Die Bereitschaft aufbringen, notwendige Veränderungen der äußeren Lebensumstände zu akzeptieren.
Starre, eingefahrene Formen überwinden.

... im Umgang mit anderen

Frei und trotzdem in Verbundenheit Reichtum und Glück in Beziehungen erleben.
Wenn man die Vergangenheit bewältigt hat: Versandete Beziehungen wieder aufleben lassen.

... im Arbeitsbereich

Neue Konzepte entwickeln und mit Zuversicht unbekannte Dinge erproben.
Entscheidende Veränderungen und Lösungen von Problemen anstreben.

Was ist zu vermeiden?

Angst und Zweifel, Schuldgefühle, Versagensangst, Apathie, Hemmungen, Uneinsichtigkeit, Mutlosigkeit, Kontrolle, Unberechenbarkeit

XXI Die Welt

Traditionelle Bedeutung

Vollständigkeit, Rückkehr, Wiederbelebung, Ausgeglichenheit, Verantwortung, Erfolg, Selbsterkenntnis, Synthese, Heilung, Glück, Sinnfindung

Worum geht es?

Ganzheit!

Um die Verwirklichung und Erfüllung bisheriger Pläne, um das Einfahren der Ernte, den Lohn für Mühen.
Um neuen Antrieb, um Impulse für die Weiterentwicklung, um Entfaltung und Vervollkommnung der Persönlichkeit.
Um das Glück, zur richtigen Zeit am richtigen Ort zu sein.

Die Welt steht für Fülle, Reife und das Einfahren der Ernte.

Was ist zu tun?

Obwohl das Ziel erreicht ist, offen bleiben für neue Erfahrungen und für einen neuen Anfang. Aufgeschlossen und unerschrocken auf alles Unbekannte zugehen.

... im Umgang mit anderen

Tiefes Verständnis und Freude genießen. Zufriedenheit und Glück mit anderen erleben.

... im Arbeitsbereich

Nichts! Das Ziel ist erreicht. Endgültiger, erfolgreicher, zufrieden stellender Abschluss.

Was ist zu vermeiden?

Erstarrung, Verantwortungslosigkeit, Faulheit, Pessimismus, Misstrauen, Angst, Missmut, Unzufriedenheit, Unentschlossenheit, Ungeduld

Die Kleinen Arkana

As der Stäbe

Traditionelle Bedeutung

Energie, Kraft, Elan, Schwung, Kreativität, Begeisterung, Freude, Ideen, Imagination, Mut, Vitalität, Aktivität, Impulsivität, Vertrauen

Worum geht es?

Um Mut, Selbstvertrauen, Zuversicht und die Kraft, ein bestimmtes Ziel, eine Idee oder einen Plan zu verfolgen.
Um innere Freude und Unruhe, die zum Handeln antreiben.
Um konkrete Ergebnisse.

Das As der Stäbe treibt uns zur Zielstrebigkeit an.

Was ist zu tun?

Die Initiative ergreifen, wenn es darum geht, sich durchzusetzen und etwas zu erreichen.
Gelegenheiten beim Schopf packen, sie sinnvoll nutzen und sein Vorhaben verwirklichen.
Den Bogen weiter spannen.

... im Umgang mit anderen

Differenzen austragen.
Die Chance zu einem Neuanfang und zu innerem Wachstum wahrnehmen.
Eine lebendige, intensive, lebhafte Partnerschaft erleben.

... im Arbeitsbereich

Neue Konzepte und Projekte in Angriff nehmen.
Visionen in die Tat umsetzen.
Selbstständig arbeiten und eigene Ideen durchsetzen.

Was ist zu vermeiden?

Überaktivität, Kompromisslosigkeit, Unberechenbarkeit, Mutlosigkeit und Feigheit, Unsicherheit, Minderwertigkeitsgefühle, Rücksichtslosigkeit, Selbstüberschätzung, Oberflächlichkeit

2 der Stäbe

Traditionelle Bedeutung

Entscheidung, Abwägen, Gelassenheit, Ruhe, Gleichgültigkeit, Mut, Überzeugung, Engagement

Worum geht es?

Um neue Zielsetzungen, um neue Perspektiven und neue Standpunkte.
Um Talente und Ideen, um deren Formulierung, Umsetzung und Verwirklichung.

Was ist zu tun?

Herausfinden, welche Ziele man künftig verfolgen und gern erreichen möchte.
Den Mut aufbringen, sich für diese Ziele zu engagieren, und zu ihnen stehen.

... im Umgang mit anderen

Eine eindeutige Haltung gegenüber bestimmten Verbindungen einnehmen, dabei jedoch auch Kompromissbereitschaft zum Ausdruck bringen.

... im Arbeitsbereich

Sich aus einer zögerlichen Warteposition lösen.

Die 2 der Stäbe ermahnt uns zu entschlossenem Handeln.

Sich immer um verantwortungsbewusstes, entschlossenes Handeln bemühen.
Innere Spannungen als Wachstumsreiz begreifen und phantasievoll umsetzen.

Was ist zu vermeiden?

Antriebslosigkeit, Trägheit, fehlende Motivation, mangelnde Konfliktbereitschaft, Teilnahmslosigkeit, Unschlüssigkeit, zu große Kompromissbereitschaft, Bequemlichkeit, Selbstgefälligkeit, Oberflächlichkeit

Die Kleinen Arkana

3 der Stäbe

Traditionelle Bedeutung

Wachstum, Entwicklung, Entfaltung, Mut, Optimismus, Hoffnung, Erfüllung, Ankommen, Abschluss, Sicherheit, Stärke, Erfolg, Gelingen, Belohnung, Zufriedenheit

Worum geht es?

Um positive, viel versprechende Aussichten.
Um sichere Ausgangs- und Startpositionen.
Um einen positiven, günstigen Verlauf der Dinge.

Was ist zu tun?

Hoffnungsvoll und erwartungsfroh in die Zukunft blicken.
Gleichzeitig neue Ziele in Betracht ziehen.
Alternative Ideen und Perspektiven entwickeln.

... im Umgang mit anderen

Zusammen Pläne für eine gemeinsame, freudvolle Zukunft schmieden.
Sich gegenseitig unterstützen und Mut machen.
Einander liebe- und vertrauensvoll begegnen.

Die 3 der Stäbe lässt uns hoffnungsvoll in die Zukunft blicken.

... im Arbeitsbereich

Für neue, gute Verbindungen offen sein und sie für sich nutzen.
Entscheidungen selbstsicher und souverän treffen.
Sich eine solide Basis, finanziellen Erfolg und erfolgreiche Arbeit sichern und ausbauen.

Was ist zu vermeiden?

Stillstand, Verantwortungslosigkeit, Uneinsichtigkeit, Größenwahn, Übertreibungen, Selbstüberschätzung

4 der Stäbe

Traditionelle Bedeutung

Freude, Vertrauen, Anerkennung, Belohnung, Erfolg, Harmonie, Optimismus, Vergnügen, Unbeschwertheit

Worum geht es?

Um die Offenheit und die Bereitschaft, den Herausforderungen des Lebens mit Selbstvertrauen, Zuversicht und lebensbejahend zu begegnen.

Was ist zu tun?

Mit Dankbarkeit und Freude an den alltäglichen Dingen des Lebens teilnehmen.
Trotz reicher Belohnung Stillstand vermeiden, um sich nicht selbst in seiner weiteren Entwicklung zu blockieren.

Die 4 der Stäbe fordert uns auf, das Leben zu genießen.

... im Umgang mit anderen

Das harmonische, entspannte Zusammensein und glückliche, zufriedene Zeiten in vollen Zügen genießen.
Günstige Gelegenheiten für Unternehmungen mit der Gruppe am Schopf packen.
Sich selbst und anderen Menschen etwas gönnen.

... im Arbeitsbereich

Vorteile und Unterstützung durch andere annehmen.
Mit Selbstvertrauen, Zuversicht und Mut nach kreativen Ausdrucksformen suchen.
Sich neuen, sinnvollen Aufgaben und Zielen zuwenden.

Was ist zu vermeiden?

Unsicherheit, Lustlosigkeit, Undankbarkeit, Leichtsinn, Unzuverlässigkeit, Mutlosigkeit, Unzufriedenheit, Verschwendung

Die Kleinen Arkana

5 der Stäbe

Traditionelle Bedeutung

Wettstreit, Hindernisse, Widerstände, Prüfungen, Schwierigkeiten, Konflikte, Konkurrenz, Begrenzung

Worum geht es?

Um innere Spannungen und äußere Herausforderungen.

Was ist zu tun?

Sich mutig den anstehenden Auseinandersetzungen und Problemen stellen.
Einen Wettstreit austragen und ihn durchhalten, auch wenn es sehr anstrengend sein kann.

... im Umgang mit anderen

Meinungsverschiedenheiten unbeirrt ausdiskutieren.
Trotzdem auch zu Kompromissen bereit sein.
Streitigkeiten und Versöhnung in lebendigen Beziehungen als etwas ganz Normales akzeptieren.

... im Arbeitsbereich

Sich anstrengen, behaupten, verteidigen, Übergriffe gezielt abwehren können.

Die 5 der Stäbe verlangt Konfliktbereitschaft und Kampfeswillen.

Konflikt- und Kampfbereitschaft signalisieren.
Sich für die eigenen Interessen stark machen und sie hartnäckig verfolgen.
An seinen Visionen und Zielen unbeirrt festhalten.

Was ist zu vermeiden?

Apathie, Trägheit, Versagensangst, kampflos aufgeben, Opportunismus, Betrug, Hinterlist, Verschlagenheit, Depressionen, Übertreibungen, aggressive Auseinandersetzungen

6 der Stäbe

Traditionelle Bedeutung

Sieg, Triumph, Würdigung, Anerkennung, Belohnung, Beifall, Befriedigung, Erfolg, Glück, Fülle, Selbstvertrauen, Beförderung

Worum geht es?

Um die Überwindung von Schwierigkeiten, Widrigkeiten und Hindernissen.
Um das Anstreben und Erreichen neuer Ziele.
Um die Anerkennung und Belohnung von Anstrengung, Verzicht und Opfern.

Die 6 der Stäbe stärkt das Vertrauen in die eigenen Fähigkeiten.

Was ist zu tun?

Überzeugt sein von sich, seinen Fähigkeiten und seiner Leistung. Zu einer optimistischen, positiven, zufriedenen Lebenseinstellung finden.

... im Umgang mit anderen

Selbst Vertrauen schenken und das Vertrauen anderer gewinnen. Lebendige und glückliche Beziehungen genießen.
Bedeutsame Begegnungen für sich fruchtbar machen, Chancen zu innerer und äußerer Entwicklung erkennen und nutzen.

... im Arbeitsbereich

Neue, aussichtsreiche, repräsentative Führungspositionen ohne Zögern annehmen.
Vorbild für andere Menschen sein, sie motivieren und ihre Begabungen fördern.

Was ist zu vermeiden?

Prahlerei, Untätigkeit, Schwäche, Faulheit, die Hände in den Schoß legen, übermäßiges Geltungsbedürfnis, Arroganz und Übermut

Die Kleinen Arkana

7 der Stäbe

Traditionelle Bedeutung

Wettstreit, Konfrontation, Herausforderung, Verteidigung, Widerstand, Mut, Tapferkeit, Entschlossenheit, Konkurrenzkampf, Konfliktbereitschaft

Worum geht es?

Um die Bereitschaft, den Kampf als Mittel der Auseinandersetzung anzunehmen.
Um den Willen, eigene Vorstellungen zu verteidigen.

Was ist zu tun?

Sich Herausforderungen, der Konkurrenz, Angriffen und Feindseligkeiten stellen.
Engagiert kämpfen, seinen Erfolg verteidigen oder sich für eine Sache einsetzen.
An sich glauben und auf der Hut sein.

... im Umgang mit anderen

Probleme in zwischenmenschlichen Beziehungen klären, besonders wenn andere Menschen einem trotzig und herausfordernd begegnen.
Auseinandersetzungen austragen und durchstehen.

Die 7 der Stäbe steht für Konflikt- und Verteidigungsbereitschaft.

... im Arbeitsbereich

Konfliktbereitschaft zeigen.
Unmissverständlich und entschlossen handeln, weder nachgeben noch resignieren.
Eigene Wege gehen.
Konflikte als Ansporn sehen.

Was ist zu vermeiden?

Rücksichtslosigkeit, Zerstörungswut, Willkür, Härte, Unbeweglichkeit, Mutlosigkeit, Unentschlossenheit, verbissen kämpfen

8 der Stäbe

Traditionelle Bedeutung

Aktivität, Bewegung, Veränderung, Wandel, Glück, Energie, Erfolg, Vertrauen, Begeisterung, Mut, Optimismus, Initiative, Engagement

Worum geht es?

Um rasche, ungehinderte Entwicklung und handfeste Ergebnisse.
Um neue Impulse, Fortschritt und Erfolg.
Um kreative Phasen und ungehinderte Entfaltung des eigenen Kraftpotenzials.

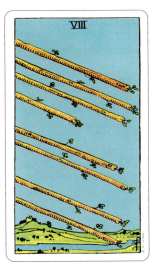

Mit der 8 der Stäbe öffnen wir uns für Impulse und neue Aufgaben.

Was ist zu tun?

Sich öffnen für Ideen und Impulse von außen.
Engagiert, beherzt, mutig und rasch Entscheidungen treffen, auch solche, die von größerer Tragweite sind.

... im Umgang mit anderen

Wach und bereit sein für überraschende, spontane, intensive, stürmische Beziehungen.
Konfliktbereitschaft unmissverständlich signalisieren und dazu stehen.

... im Arbeitsbereich

Initiative ergreifen und wichtige Projekte vorantreiben.
Vorschläge unterbreiten, schnelle und kluge Lösungen finden.
Schwungvoll an neue Aufgaben herangehen.

Was ist zu vermeiden?

Langeweile, Starrheit, Festhalten, Unsicherheit, Zweifel, Frustrationen, Hoffnungslosigkeit, Unbeweglichkeit, Ärger und Streit

Die Kleinen Arkana

9 der Stäbe

Traditionelle Bedeutung

Widerstand, Abwehr, Verteidigung, Herausforderung, Streit, Erschöpfung, Verschlossenheit, Bedrohung, Angst, Kränkung, Verletzung

Worum geht es?

Um Prüfungen, Hindernisse und Widerstände im Leben, mit denen es fertig zu werden gilt. Um die Angst vor Niederlagen, um schmerzliche Erfahrungen und Verlust.

Was ist zu tun?

Kraftreserven mobilisieren und sich unerschrocken den Hindernissen stellen.
Sich infrage stellen, bisherige Einstellungen überprüfen und zu anderen, neuen Auffassungen kommen.

... im Umgang mit anderen

Abwehrhaltung aufgeben und inneren Frieden, Reife und Gelassenheit finden.
Sich emotional öffnen, seine Gefühle zeigen und ohne Angst vor Scham eigenen Bedürfnissen Ausdruck verleihen.

Die 9 der Stäbe thematisiert Prüfungen und Widerstände.

Sich neuen Erfahrungen und Entwicklungen nicht von vornherein verschließen.

... im Arbeitsbereich

Trotz großen Drucks Ausdauer beweisen, durchhalten und neue Hoffnung schöpfen.

Was ist zu vermeiden?

Misstrauen, Strenge, Verbitterung, Zwanghaftigkeit, Verbissenheit, Unnachgiebigkeit, Unbeweglichkeit, Sturheit

10 der Stäbe

Traditionelle Bedeutung

Niedergeschlagenheit, Sorgen, Probleme, Erschöpfung, Überlastung, Niederlage, Auseinandersetzungen, Schwierigkeiten, Unterdrückung

Worum geht es?

Um das Gefühl der Ausweglosigkeit, der Überforderung und sich zu verausgaben.
Um Belastungen und Verpflichtungen, die einem über den Kopf wachsen.
Um das Empfinden, alles zu schwer, zu ernst und zu wichtig zu nehmen.

Die 10 der Stäbe ermahnt zu bewusstem Umgang mit der Kraft.

Was ist zu tun?

Die Angst zu versagen überwinden lernen.
Bestimmte Verpflichtungen abgeben, Verantwortung delegieren.
Sich Zeit für sich nehmen, Kraft sammeln und Energiereserven mobilisieren, um zur Lebensfreude zurückzufinden.

... im Umgang mit anderen

Sich selbst als wichtig erleben, sich nicht ausnützen lassen.
Sich aus Abhängigkeiten lösen.

... im Arbeitsbereich

Eigene Grenzen erkennen, Arbeiten delegieren.
Neue Aufgaben und ein neues, Sinn stiftendes Betätigungsfeld suchen.

Was ist zu vermeiden?

Auf Sicherheit setzen, sich krampfhaft an das Erreichte klammern, Kontrolle, innere Zerrissenheit, Zerfahrenheit, Planlosigkeit, Hoffnungslosigkeit, Stress, Angst, Depressionen

Die Kleinen Arkana

Bube der Stäbe

Traditionelle Bedeutung

Chancen, Begeisterungsfähigkeit, Idealismus, Aufgeschlossenheit, Mut, Neuanfang, Zukunft, Studium, Kreativität, Optimismus, Freude, Unruhe

Worum geht es?

Um neue Ideen, Impulse und Projekte.
Um Möglichkeiten und Chancen, die einen Entwicklungsprozess in Gang setzen.

Was ist zu tun?

Mit offenen Augen durch die Welt gehen.
Gelegenheiten zu schönen Erlebnissen wahrnehmen.
Das Bedürfnis, Erfahrungen zu sammeln, ungebremst zur Geltung kommen lassen.
Dem Verlangen nach Freiheit und Ungebundenheit sowie seinen Visionen und Wunschträumen nachgeben.

... im Umgang mit anderen

Hilfe und Anstöße annehmen.
Sich für neue, interessante, prickelnde Begegnungen aufgeschlossen zeigen.

Der Bube der Stäbe ermuntert zu schönen Erlebnissen.

... im Arbeitsbereich

Mit Begeisterung und Schwung neue Ziele anstreben; trotzdem versuchen, die Dinge richtig einzuschätzen, und mehrere Möglichkeiten in Erwägung ziehen.

Was ist zu vermeiden?

Passivität, Sprunghaftigkeit, Übertreibungen, Unentschlossenheit, Scheuklappen, negative Gedanken, Ängstlichkeit, Unzufriedenheit, Intoleranz, Scheinheiligkeit, Unaufrichtigkeit

Stäbe

Ritter der Stäbe

Traditionelle Bedeutung

Bewegung, Aktion, Herausforderung, Impulsivität, Spontaneität, Kreativität, Phantasie, Übermut, Lebensfreude, Ehrgeiz, Naivität, Veränderung

Worum geht es?

Um die Suche nach immer neuen, interessanten Aufgaben, Erfahrungen und anspornenden Herausforderungen.

Was ist zu tun?

Mit Zuversicht, schöpferischer Energie, Dynamik und Enthusiasmus auf neue, unbekannte Situationen zugehen.
Sich aus seinem vertrauten Umfeld lösen, auf Reisen gehen und/oder sich in ein verlockendes Abenteuer stürzen.

Der Ritter der Stäbe symbolisiert den Drang nach Unabhängigkeit.

... im Umgang mit anderen

Emotionale Freiheit ausleben, dem Verlangen nach Selbstständigkeit und Unabhängigkeit nachgeben.
Beherzt die eigene übermütige, lebendige, heitere, unternehmungslustige, stürmische, heißblütige Seite annehmen.

... im Arbeitsbereich

Seine Ziele direkt ansteuern; sich beruflich engagieren und risikobereit, kreativ und entschlossen handeln.
Konkurrenzkampf annehmen.

Was ist zu vermeiden?

Zügelloser Übermut, Rücksichtslosigkeit, Unzuverlässigkeit, zu große Erwartungshaltung, Übertreibungen, Zerstörungswut, gereizte und aggressive Stimmung, Affekthandlungen

Die Kleinen Arkana

Königin der Stäbe

Traditionelle Bedeutung

Willensstärke, Kreativität, Selbstständigkeit, Selbstsicherheit, Lebensfreude, Loyalität, Beharrlichkeit, Unabhängigkeit

... als Person

Die Begegnung mit einer leidenschaftlichen, temperamentvollen, lebensfrohen, natürlichen, aufrichtigen, mutigen, entschlossenen, phantasievollen, durchsetzungsfähigen Frau

Worum geht es?

Um die Entwicklung einer tiefen inneren Sicherheit.
Um Natürlichkeit, Warmherzigkeit, Überzeugung und Stärke.

Was ist zu tun?

Das Leben in die eigene Hand nehmen: selbstbewusst, stolz, kreativ und willensstark.
Sich mit ganzer Kraft auf das Wesentliche konzentrieren.

... im Umgang mit anderen

Sexuelle Energie und Leidenschaft genießen.

Durch die Königin der Stäbe lernen wir, unsere Kräfte zu bündeln.

Anderen mit Vertrauen, Wärme und Sinnlichkeit begegnen.

... im Arbeitsbereich

Kreativ und eigenständig seinen beruflichen Weg gehen; selbstbewusst seine Pläne durchsetzen.

Was ist zu vermeiden?

Anmaßendes Verhalten, Reizbarkeit, Herzlosigkeit, Eifersucht, Selbstüberschätzung, Kritikempfindlichkeit, Oberflächlichkeit, Unsicherheit, Selbstzweifel

König der Stäbe

Traditionelle Bedeutung

Reife, Aktivität, Dynamik, Macht, Geschäftstüchtigkeit, Erfolg, Enthusiasmus, Tatendrang, Großzügigkeit, Selbstvertrauen, Entschlossenheit, Lebensfreude

... als Person

Die Begegnung mit einem optimistischen, ehrgeizigen, großzügigen, dynamischen, leidenschaftlichen, ungeduldigen, willensstarken, unternehmungslustigen Mann

Worum geht es?

Um die Lust nach Abenteuern, aber auch um die Fähigkeit, eigene Ideen durchzusetzen.

Was ist zu tun?

Sich souverän und direkt den Herausforderungen und Konflikten stellen; ohne Umschweife zur Sache kommen.
Sich von Beschränkungen und Kleinlichkeit freimachen.

... im Umgang mit anderen

Anderen gegenüber vorbildlich und selbstbewusst sein.

Der König der Stäbe spornt uns zu Aktivitäten und Abenteuern an.

Sie beschützen, verteidigen, für sie verantwortlich sein.
Sie motivieren und überzeugen.

... im Arbeitsbereich

Agieren statt reagieren: kraftvoll und sozial engagiert Führungspositionen übernehmen.

Was ist zu vermeiden?

Rechthaberei, Intoleranz, Machthunger, Engstirnigkeit, Schwäche, cholerisches Verhalten, Unsicherheit, Wichtigtuerei

Die Kleinen Arkana

As der Schwerter

Traditionelle Bedeutung

Vernunft, Erkenntnis, Willenskraft, Entscheidungskraft, Stärke, Wahrheit, Weisheit, Klugheit, Besonnenheit, Gerechtigkeit, Aufrichtigkeit, Intellekt, Analyse

Worum geht es?

Um Konflikte, die durch von bisherigen abweichende Ideen hervorgerufen werden.
Um die Einsicht, dass Konfrontationen manchmal notwendig sind, um im Leben Veränderungen herbeizuführen.
Um Durchbruch zur Lösung.

Das As der Schwerter ermahnt uns zu besonnenem Handeln.

Was ist zu tun?

Überlegt, ausdauernd und leistungsfähig handeln.
Mit klarem Verstand und wirklichkeitsnaher Betrachtung Probleme in Angriff nehmen und anpacken und sie lösen.

... im Umgang mit anderen

Bereitschaft zur Auseinandersetzung zeigen.
Diskutieren und nach Abwägen der Argumente einen eindeutigen, ausgereiften Standpunkt einnehmen.

... im Arbeitsbereich

Nach kluger und kritischer Analyse Entscheidungen rational und wohl überlegt treffen.
Eigene Ideen verteidigen, Prioritäten setzen und sich anderen gegenüber klar abgrenzen.

Was ist zu vermeiden?

Unentschlossenheit, Streit, Misstrauen, Aggressionen, Illusionen, Untätigkeit, Verwirrtheit, Probleme unter den Tisch kehren, Konfliktscheu

2 der Schwerter

Traditionelle Bedeutung

Probleme, Zweifel, Lähmung, Unbeweglichkeit, Labilität, Spannungen, Anspannung und Angst, Traurigkeit

Worum geht es?

Um die Schwierigkeit, eigene Emotionen auszudrücken und über Gefühle zu sprechen.
Um die Spannung zwischen Aktivität und Passivität, zwischen Gefühl und Verstand.
Um die Tendenz, sich drohenden Konflikten zu verweigern oder zu entziehen.

Die 2 der Schwerter schärft unseren Blick für die Realität.

Was ist zu tun?

Die Augen öffnen und die nackten Tatsachen ungeschminkt zur Kenntnis nehmen.
Den Mut zum Handeln aufbringen, um eine Veränderung zu bewirken.

... im Umgang mit anderen

Konflikten nicht länger aus dem Weg gehen.
Emotionalen Widerstand, Verzagtheit aufgeben und Mut fassen, wieder auf andere Menschen zuzugehen.

... im Arbeitsbereich

Bei schwierigen Verhandlungen und wichtigen Gesprächen Unentschlossenheit und Passivität überwinden.
Sich mutig neuen Aufgabenbereichen stellen.

Was ist zu vermeiden?

Angst, (Selbst-)Betrug, Täuschung, Labilität, Spannungen, Oberflächlichkeit, Unverbindlichkeit, Kopflosigkeit, Flucht ins Rationale

Die Kleinen Arkana

3 der Schwerter

Traditionelle Bedeutung

Traurigkeit, Schmerz, Kummer, Verlust, Schwermut, Auseinandersetzung, Trennung, Verletzung, Enttäuschung

Worum geht es?

Um tiefe Verletzungen und Enttäuschungen.
Um einen schweren emotionalen Konflikt, der zum Ausbruch gekommen ist und jetzt bewältigt werden muss.

Was ist zu tun?

Kummer und Konflikte weder scheuen noch verdrängen. Schmerzliche Erfahrungen als für den Entwicklungsprozess wichtig anerkennen.

... im Umgang mit anderen

Enge persönliche Bindungen überprüfen, damit alle Belastungen und Spannungen deutlich werden.
Angst vor Zurückweisung und Liebesentzug überwinden.
Sich unausweichlichen Meinungsverschiedenheiten und notwendigen Auseinandersetzungen furchtlos stellen.

Durch die 3 der Schwerter lernen wir, mit Verletzungen umzugehen.

... im Arbeitsbereich

Trotz schwieriger Umstände sich zu einer klaren Entscheidung durchringen; endgültige, wirklich befriedigende Lösungen statt nur besserer Möglichkeiten beginnen sich bereits abzuzeichnen.

Was ist zu vermeiden?

Feindschaft, Auseinandersetzung, Arroganz, Übermut, Streitigkeiten, Affekthandlungen, Ausflüchte, Selbsttäuschung, Konfliktscheu

4 der Schwerter

Traditionelle Bedeutung

Ruhe, Zurückgezogenheit, Selbstprüfung, Reflexion, Neuorientierung, Besinnung, Erschöpfung, Einsamkeit

Worum geht es?

Um den Rückzug aus der äußeren Welt.
Um die Bereitschaft, Klarheit über die Vergangenheit zu gewinnen und notwendige Veränderungen vorzunehmen.

Was ist zu tun?

Sich in Abgeschiedenheit und Stille zurückziehen.
Meditieren und reflektieren, um im Einklang mit sich selbst und seiner Umwelt zu sein.
Dem Körper und der Seele die notwendige Erholung und innere Ruhe bieten, um die Lebensenergie wieder zum Fließen zu bringen.

Mit der 4 der Schwerter finden wir in der Stille zu uns selbst.

... im Umgang mit anderen

Zurückgezogenheit und Einkehr als der gegenwärtigen Situation angemessen akzeptieren.
Streitigkeiten und Konfrontationen gezielt aus dem Weg gehen.

... im Arbeitsbereich

Keine neuen, unkontrollierten Aktivitäten starten.
Innere Reserven mobilisieren, Kraft schöpfen und geduldig warten, bis sich neue Möglichkeiten auftun.

Was ist zu vermeiden?

Aktivität, sinnloser Kräfteverschleiß, Hektik, Flucht, Erlösungswünsche, Illusionen, Unzufriedenheit, Verzweiflung, Resignation

Die Kleinen Arkana

5 der Schwerter

Traditionelle Bedeutung

Konflikte, Machtkämpfe, Konfrontationen, Niederlagen, Grenzen, Verlust, Demütigungen, Beschränkungen, Zwänge, Begrenzungen, Verletzungen

Worum geht es?

Um gefährliche, rücksichtslose, gemeine, hinterhältige Auseinandersetzungen und die damit verbundenen Umstände.
Um Widerstände, ernste Konflikte und Machtkämpfe mit den Mitmenschen und der als einengend oder feindselig empfundenen Umwelt.

Die 5 der Schwerter spricht den Willen zur Auseinandersetzung an.

Was ist zu tun?

Sich den notwendigen Konfrontationen stellen, ohne Wenn und Aber.

... im Umgang mit anderen

Sich von zwanghaften, demütigenden Beziehungen distanzieren und lernen, loszulassen und sich zurückzunehmen.
Vorsichtig sein im Umgang mit der eigenen Macht.
Seine Grenzen als etwas natürlich Verfügtes erkennen.

... im Arbeitsbereich

Sich seinem Los und seiner Aufgabe stellen.
Realistisch die Möglichkeiten des Machbaren abschätzen. In Bezug auf seine Arbeit umdenken und seine Zielvorstellungen neu definieren.

Was ist zu vermeiden?

Rücksichtslosigkeit, Zerstörung, Gewalttätigkeit, Verbissenheit, Manipulation, Rachsucht, Zorn, Hass, Neid, Furcht

6 der Schwerter

Traditionelle Bedeutung

Aufbruch, Veränderung, Abschied, Verunsicherung, Ängste, Qualen, Trauer, Sorgen, aber auch: Einsicht, Ruhe und Gelassenheit

Worum geht es?

Um Ablösung, Trennung, Veränderung, Wandel, Befreiung und Neuorientierung.
Um die Notwendigkeit, eigenständige Wege zu gehen.

Was ist zu tun?

Innerlich und äußerlich zur Ruhe kommen.
Trauer, Kummer und Sorgen hinter sich lassen.
Sich mit aller Kraft und optimistisch neuen Erfahrungen, Erlebnissen und noch unbekannten Dimensionen öffnen.

... im Umgang mit anderen

Sich von den Erwartungshaltungen anderer freimachen.
Versuchen, eigene Absichten und Ziele herauszufinden und sie zu formulieren.
Vertrauen in eigene Einsichten und Erkenntnisse entwickeln.

Die 6 der Schwerter weist uns auf notwendige Veränderungen hin.

... im Arbeitsbereich

Unsicherheit und Selbstzweifel überwinden.
Mit innerer Ruhe, Gelassenheit, Offenheit und Vertrauen in die Zukunft sich auf Unbekanntes einlassen.

Was ist zu vermeiden?

Ängstlichkeit, Verzagtheit, Unselbstständigkeit, Depressionen, Resignation, quälerisches Grübeln, Zweifel, Unsicherheit, Festhalten an Gewohntem

Die Kleinen Arkana

7 der Schwerter

Traditionelle Bedeutung

Geschick, Schläue, Verschlagenheit, Heimlichkeiten, Unaufrichtigkeit, Manipulation, Täuschung, Betrug, Kälte, Unklarheit, Heimtücke, Hinterlist

Worum geht es?

Um fragwürdige, äußerst undurchsichtige Ziele, Projekte und Absichten.
Um den Versuch, unangenehmen Situationen oder heftigen Konfrontationen durch geschickte Ausweichmanöver aus dem Weg zu gehen.

Die 7 der Schwerter ermuntert uns zu Raffinesse und Diplomatie.

Was ist zu tun?

Mit raffinierten, aber ehrlichen Mitteln und Aktionen seine Ziele verfolgen.
Begreifen und anerkennen, dass Raffinesse nicht zwangsläufig unmoralisch ist.

... im Umgang mit anderen

Weder sich noch andere täuschen oder hintergehen.
Farbe bekennen.
Aus eigener, selbst gewonnener moralischer Überzeugung handeln.

... im Arbeitsbereich

Geschick, Intelligenz, Taktik und Diplomatie einsetzen, um seine Vorstellungen durchzusetzen oder ein Ziel zu erreichen.
Bei wichtigen Transaktionen Missverständnisse vermeiden und Vorsicht walten lassen.

Was ist zu vermeiden?

Hinterlist, Betrug, Verrat, Bluff, Geschwätzigkeit, Scheinheiligkeit, Intrigen, Unwahrheit, Opportunismus

8 der Schwerter

Traditionelle Bedeutung

Angst, Krise, Einschränkungen, Hemmungen, Unterdrückung, Isolation, Unentschlossenheit, Hilflosigkeit, Einsamkeit

Worum geht es?

Um bedrückende Gedanken, Angst und Lähmung.
Um das Überhören oder Verdrängen eigener Gefühle, Bedürfnisse und Wünsche.

Was ist zu tun?

Erstarrung und Unentschlossenheit trotz großer Ängste zu überwinden suchen.
Sich zu einer Entscheidung und zur Umsetzung in praktisches Handeln durchringen.
Seinen Gefühlen und seinem Verstand gleich viel Aufmerksamkeit zukommen lassen.

Bei der 8 der Schwerter heißt es Lähmung und Angst überwinden.

... im Umgang mit anderen

Eigene Unfreiheiten erkennen. Selbsttäuschung, Ausflüchte und Hinhaltetaktik vermeiden.
Belastende, einengende Beziehungen, in denen es nicht gestattet ist, so zu sein, wie man ist, abbrechen.

... im Arbeitsbereich

Alle Umstände klar, objektiv und ungeschminkt betrachten. Sich voll und ganz für oder gegen eine Sache entscheiden und die Verantwortung dafür übernehmen.

Was ist zu vermeiden?

Verwirrtheit, Isolation, Depressionen, Verzweiflung, Resignation, Unzufriedenheit, seelische Verhärtung, Selbstmitleid, innerer Groll

Die Kleinen Arkana

9 der Schwerter

Traditionelle Bedeutung

Kummer, Niedergeschlagenheit, Einsamkeit, Schuldgefühle, Zukunftsangst, Furcht, Verzagtheit, Alptraum, Misstrauen, Krankheit, Traurigkeit

Worum geht es?

Um Zukunftsängste, Verlassenheitsängste.
Um Angst vor Katastrophen und vor dem Scheitern aller Pläne, vor dem vollständigen Zusammenbruch.

Was ist zu tun?

Ängste, Trauer, Schwermut und Verzweiflung zulassen und alles loslassen können.
Ursachen erkennen und Klarheit über sie gewinnen.
Mit klarem Verstand und Erkenntnis Schreckensbilder bekämpfen und vertreiben.

Durch die 9 der Schwerter lernen wir, Belastendes loszulassen.

... im Umgang mit anderen

Schuldgefühle und belastende Gedanken abschütteln, hinter sich lassen.
Freundlichen und liebevollen Umgang mit sich und anderen Menschen pflegen.

Schwelende Streitigkeiten beenden und sich aussöhnen.

... im Arbeitsbereich

Nicht in weiteren Sorgen und Befürchtungen versinken.
Nach Lösungen suchen und neuen Mut fassen.

Was ist zu vermeiden?

Misstrauen, Verschlossenheit, Depressionen, Isolation, hysterische Reaktionen, Panik, Verzweiflung

10 der Schwerter

Traditionelle Bedeutung

Abschluss, Ende, Schmerz, Verzweiflung, Erschöpfung, Hoffnungslosigkeit, Enttäuschung, Frustration, Resignation, Fehlschlag, Desillusionierung

Worum geht es?

Um die schmerzliche und schwer anzunehmende Erkenntnis, dass man am Ende einer Sache angekommen ist.
Um die Möglichkeit, tief sitzende innere und/oder äußere Konflikte und Probleme zu bearbeiten und zu lösen.

Die 10 der Schwerter lässt uns Niederlagen klaglos annehmen.

Was ist zu tun?

Das Scheitern, die Niederlage oder das Ende ohne Aufbegehren akzeptieren.

... im Umgang mit anderen

Das schmerzliche Ende, die Trennung oder die tiefste Krise als Chance zu einer umfassenden Veränderung der Lebensumstände begreifen.
Die Chance nutzen, sich mit sich selbst zu konfrontieren, um sich in seinen uneingestandenen Tiefen besser kennen zu lernen.

... im Arbeitsbereich

Trotz einer vernichtenden Niederlage die Lebenskrise durchstehen; ein neuer Anfang kündigt sich an.
Langsam, konzentriert, sorgsam und überlegt an neue Aufgaben herangehen.

Was ist zu vermeiden?

Destruktivität, Hoffnungslosigkeit, Schwermut, Resignation, Verlust von Lebenskraft und Lebensfreude

Die Kleinen Arkana

Bube der Schwerter

Traditionelle Bedeutung

Neugierde, Aufgewecktheit, Unruhe, Flexibilität, Wandlungs- und Anpassungsfähigkeit, auch: Klatsch, Ungezogenheit, Aufdringlichkeit

Worum geht es?

Um Neugierde, Provokation, Streit und scharfe Kritik.
Um die Entdeckung neuer Ideen und Visionen.

Was ist zu tun?

Die Bereitschaft entwickeln, sich mit allem auseinander zu setzen, was auf einen zukommt.
Eigenständig, unabhängig denken lernen.

... im Umgang mit anderen

Sich souverän den Angriffen, der Kritik, den üblen Nachreden und den Anfeindungen aus der Umwelt und dem persönlichen Freundeskreis stellen.
Andere nicht ohne Notwendigkeit provozieren.
Seine Energie nicht in sinnlosen Wortgefechten oder kräftezehrenden Aktivitäten vergeuden.

Der Bube der Schwerter steckt uns mit seiner Aufgewecktheit an.

... im Arbeitsbereich

Eigene Vorstellungen und Überzeugungen anderen nicht aufzwingen.
Probleme spielerisch, geschickt und mit Diplomatie lösen.

Was ist zu vermeiden?

Schwatzhaftigkeit, Neid, Missgunst, Streitsucht, Boshaftigkeiten, üble Nachrede, Spott, Grobheit, Fahrlässigkeit, Leichtsinnigkeit, Unvorsichtigkeit, überzogenes Selbstwertgefühl

Ritter der Schwerter

Traditionelle Bedeutung

Eifer, Strebsamkeit, Mut, Scharfsinn, Unruhe, Streit, Konflikte, Sprunghaftigkeit, Vielseitigkeit, Unbeständigkeit

Worum geht es?

Um innere Unruhe, äußere Veränderungen und Probleme.
Um ungeduldiges, impulsives Denken und Handeln.

Was ist zu tun?

Neuen Entwicklungen offen gegenüberstehen.
Sich auf Veränderungen und Turbulenzen einlassen.
Krisen als Chance zur Weiterentwicklung betrachten.

... im Umgang mit anderen

Beziehungen nüchtern und kritisch überprüfen; dabei Konflikten nicht ausweichen.
Verpflichtungen klären und klare Verhältnisse schaffen.

... im Arbeitsbereich

Sich nicht in trügerischer Sicherheit wiegen.

Der Ritter der Schwerter öffnet den Blick für neue Entwicklungen.

Sein scharfes Wahrnehmungsvermögen umfassend und gezielt einsetzen.
Die eigenen Ziele den neuen Erkenntnissen anpassen.
Sich auf überraschende, abrupte Wendungen einstellen.

Was ist zu vermeiden?

Fanatismus, Gefühlskälte, mangelndes Mitgefühl, Kopflastigkeit, Eifertum, Flucht ins Intellektuelle, Zynismus, Sorglosigkeit, rohe Unbeherrschtheit, blinde Zerstörungswut

Die Kleinen Arkana

Königin der Schwerter

Traditionelle Bedeutung

Unabhängigkeit, Mut, Stolz, Loyalität, Integrität, Stärke, Idealismus, Kühle, Strenge, Wahrhaftigkeit

... als Person

Die Begegnung mit einer eigenwilligen, kritischen, mutigen, starken, engagierten, objektiven, aufrichtigen, klugen, offenen, idealistischen Frau

Worum geht es?

Entscheidungen unabhängig und frei treffen und konsequent nach ihnen handeln.
Um hohe Ansprüche, Perfektion.

Was ist zu tun?

Mit der Kraft des Verstandes sich von Unsicherheit, Verwirrtheit und Abhängigkeiten befreien.

... im Umgang mit anderen

Sich seiner Verletzlichkeit bewusst werden, ohne den Anspruch auf Unabhängigkeit, Eigenständigkeit und Selbstverwirklichung aufzugeben.

Die Königin der Schwerter prägen kühler Kopf und Unabhängigkeit.

... im Arbeitsbereich

Sich eigenen Freiraum schaffen und ihn behaupten.
Klare Entscheidungen treffen und zu ihnen stehen.
Tragfähige Problemlösungen finden; neue Konzepte entwickeln.

Was ist zu vermeiden?

Arroganz, Einsamkeit, Boshaftigkeit, Frustration, Isolation, Unnahbarkeit, übertriebener Perfektionismus, Strenge

Schwerter

König der Schwerter

Traditionelle Bedeutung

Klugheit, Fairness, Objektivität, Distanz, Gerechtigkeit, Anstand, Autorität, Macht, Flexibilität, Handlungsfähigkeit, Stärke

... als Person

Die Begegnung mit einem intelligenten, realistischen, scharfsinnigen, geschickten, erfahrenen, zuverlässigen, vielseitigen, sachlichen, kritischen Mann

Worum geht es?

Um klare, objektive, nüchterne Betrachtung der Dinge.

Was ist zu tun?

Mit Verantwortungsbewusstsein und Entschlossenheit handeln und notwendige Veränderungen herbeiführen.

... im Umgang mit anderen

Eigene Gefühle offen zeigen, auch wenn es schwer fällt, innere Verbundenheit und Mitgefühl zu entwickeln.
Zurückhaltung aufgeben, damit man Nähe zulassen kann.

Der König der Schwerter fordert zu gerechtem Handeln auf.

... im Arbeitsbereich

Menschen führen lernen, verantwortungsbewusstes Miteinander üben.
Schwierige Situationen aushalten und meistern.

Was ist zu vermeiden?

Lügen, Betrug, Arroganz, Übermut, Zynismus, Oberflächlichkeit, Disziplinlosigkeit, Nervosität, Unnahbarkeit, Isolation, Einsamkeit, Härte, Kälte, Dominanz, Kontrolle

Die Kleinen Arkana

As der Münzen

Traditionelle Bedeutung

Finanzieller Wohlstand und Stabilität, Sicherheit, Zufriedenheit, Belohnung, Besitz, Potenz, Wachstum

Worum geht es?

Um die Entfaltung materieller Sicherheit.
Um das Erreichen innerer Sicherheit und Selbstsicherheit.
Um Erfolg und den Stolz auf die eigene Leistung.

Was ist zu tun?

Einfallsreichtum und Disziplin beweisen, um seine Ressourcen effektiv zu nutzen, deren Umfang einem anfangs vielleicht gar nicht bewusst ist.
Allein mit seinen Problemen fertig werden.

... im Umgang mit anderen

Reichtum, Glück und tiefe Erfüllung in Beziehungen (neu) entdecken.
Intensive Partnerschaft und körperliche Nähe genießen.
Die Chance zu neuen Verbindungen suchen und sie konsequent wahrnehmen.

Das As der Münzen steht für materielle Sicherheit und Erfolg.

... im Arbeitsbereich

Mit Beharrlichkeit seine materiellen Ziele verfolgen.
Die Chancen für günstige finanzielle Anlagen oder Investitionen erkennen; sie nutzen und auf dauerhaften Erfolg setzen.

Was ist zu vermeiden?

Selbstsucht, Gier, Existenzängste, Leichtsinn, Verschwendungssucht, Völlerei, Faulheit, Zweifel, Unentschlossenheit, Unbeständigkeit

2 der Münzen

Traditionelle Bedeutung

Veränderung, Unbekümmertheit, Anpassungsfähigkeit, Wandlungsfähigkeit, Fröhlichkeit, Vergnügen, Flexibilität, Risikobereitschaft, Unruhe, Instabilität

Worum geht es?

Um die Einsicht und die Bereitschaft, Veränderungen, Schwankungen und Entwicklungen des Lebens als etwas ganz Normales anzunehmen.

Was ist zu tun?

Begreifen, dass Menschen und Dinge sich ändern und nicht für immer auf einen bestimmten, einmal da gewesenen Zustand fixiert werden können.
Sich unbeschwert, gelöst, offenherzig und im Vertrauen auf das Gelingen den veränderten Zuständen anpassen.

... im Umgang mit anderen

Für Veränderungen empfänglich sein.
Sich auf den Zustand des ständigen Wandels, der inneren Unabhängigkeit, Lebensfreude und Herzlichkeit einlassen.

Die 2 der Münzen erinnert uns daran, dass alles im Fluss ist.

... im Arbeitsbereich

Risikobereit, spielerisch, aktiv und flexibel mehrere Dinge in Angriff nehmen.
In der Gruppe die Initiative ergreifen, aber auch selbstständig arbeiten.

Was ist zu vermeiden?

Verantwortungslosigkeit, Unbeständigkeit, Mutlosigkeit, Leichtsinn, Gedankenlosigkeit, Unselbstständigkeit, Vortäuschen falscher Tatsachen

Die Kleinen Arkana

3 der Münzen

Traditionelle Bedeutung

Wohlstand, Erfolg, Profit, Reichtum, Ruhm, Fortschritt, Wachstum, Entwicklung, Entfaltung, Ausbildung, Beförderung, Anerkennung, Stabilität

Worum geht es?

Um die Anerkennung und Belohnung nach enormem kräftezehrenden Einsatz.
Um den Einsatz von Geschicklichkeit und Klugheit.
Um Anstrengungsbereitschaft.
Um disziplinierte und äußerst harte Arbeit.

Was ist zu tun?

Trotz des äußeren Erfolgs weiterhin die gesteckten Ziele im Auge behalten.
Sich von noch zu überwindenden Hindernissen nicht entmutigen lassen.

... im Umgang mit anderen

Vertrauen in eine innige, reife und verbindliche Beziehung entwickeln.
Trotz notwendiger Rücksichtnahme in der Beziehung sich selbst treu bleiben.

Die 3 der Münzen wirft das Thema Anerkennung und Belohnung auf.

... im Arbeitsbereich

Qualifikation und Durchstehvermögen entwickeln; sie verhelfen zu Anerkennung, zu einem entscheidenden Durchbruch, zu einer Beförderung und einem dauerhaften materiellen Erfolg.

Was ist zu vermeiden?

Faulheit, Unzuverlässigkeit, Schwäche, Unbeständigkeit, Bequemlichkeit, Ungeduld, mangelndes Durchhaltevermögen, Verantwortungslosigkeit

4 der Münzen

Traditionelle Bedeutung

Stabilität, Bewahren, Festhalten, Absicherung, Struktur, Disziplin, Organisation, auch: Stagnation, Unbeweglichkeit, Blockierungen, Beschränkung, Verlustängste

Worum geht es?

Um die persönliche finanzielle Absicherung.
Um stabile und klare Grenzen.
Um Existenzängste und ein übertriebenes Sicherheitsbedürfnis.
Um Mangel an Spontaneität und Beweglichkeit.

Die 4 der Münzen stellt die Aufgabe, Fixierungen aufzugeben.

Was ist zu tun?

Eine gesunde und realistische Einstellung entwickeln gegenüber allem, was mit »Sicherheit« zu tun hat.
Veränderungen zulassen, sich von Besessenheit und Fixierungen befreien.

... im Umgang mit anderen

Innere Lockerheit, Offenheit und Großzügigkeit entdecken.
Verlustängste überwinden und Selbstvertrauen aufbauen.
Sinnliche Erfahrungen genießen und Selbstliebe entwickeln.

... im Arbeitsbereich

Den Mut entfalten, sich auf Neues einzulassen.
Zum Umdenken bereit sein und sich beherzt und neugierig Herausforderungen mit ungewissem Ausgang stellen.

Was ist zu vermeiden?

Materielle Abhängigkeiten, Geiz, Engstirnigkeit, Habgier, Angst vor Veränderung, Verlustängste, ängstliches Festhalten an Herkömmlichem

Die Kleinen Arkana

5 der Münzen

Traditionelle Bedeutung

Verlust, Sorgen, Not, Zusammenbruch, Schwierigkeiten, Rückschläge, Unbeständigkeit, Probleme, Einschränkungen, Demütigung, Verlassenheit, Selbstzweifel

Worum geht es?

Um den Verlust von Selbstvertrauen und materiellen Sicherheiten.
Um Lebensfreude und Vertrauen in die eigenen Fertigkeiten und Fähigkeiten.

Was ist zu tun?

Sich neu orientieren und eine Umwandlung auf allen Ebenen zu erreichen suchen.
Altes hinter sich lassen.
Neues Vertrauen entwickeln.
An das Gelingen glauben.

... im Umgang mit anderen

In Zeiten schwerster Beziehungsproblematik, emotionaler Hilflosigkeit und seelischer Not Rat und Hilfe suchen und sie auch annehmen.
Ursachen schonungslos auf den Grund gehen.

Die 5 der Münzen lässt uns Selbstzweifel überwinden.

... im Arbeitsbereich

Andere Wege gehen, um neue Möglichkeiten und Fähigkeiten zu entdecken und diese selbstbewusst zu entfalten.
Konsequent an einer positiven Einstellung arbeiten.

Was ist zu vermeiden?

Tiefe Verzweiflung und Hoffnungslosigkeit, fehlender Lebensmut, Abkehr vom Leben, Vergänglichkeitsschmerz, Einsamkeit, Depressionen

6 der Münzen

Traditionelle Bedeutung

Güte, Großzügigkeit, Glück, Wohlwollen, Nächstenliebe, Belohnung, Erfolg, Freigiebigkeit, Schenken und Teilen

Worum geht es?

Um die Gabe, Vertrauen, Hilfsbereitschaft und Fürsorge zu schenken, aber diese auch gewinnen.

Was ist zu tun?

Sich für das Wohl anderer einsetzen und stark machen.
Anderen Menschen das zugute kommen lassen, was sie wirklich brauchen.
Seine wahren, ureigenen Bedürfnisse und Wünsche herausfinden und zu ihnen stehen.

... im Umgang mit anderen

Das Wohlwollen, die Hilfsbereitschaft und Unterstützung anderer annehmen.
Vorurteilsfrei und großzügig Hilfsbedürftige unterstützen und sie fördern.
Anderen Menschen hilfreich zur Seite stehen.
Güte, Nachsicht und Toleranz walten lassen.

Die 6 der Münzen thematisiert Wohlwollen und Hilfsbereitschaft.

... im Arbeitsbereich

Sich darüber klar werden, was man benötigt, um ein berufliches Ziel zu erreichen; die sich bietenden Gelegenheiten, beruflich weiterzukommen, wahrnehmen und für sich nutzen.

Was ist zu vermeiden?

Abhängigkeit von der Zuwendung anderer, Unselbstständigkeit, Urteilsschwäche, leichte Beeinflussbarkeit, berechnendes Verhalten, Selbstgefälligkeit

Die Kleinen Arkana

7 der Münzen

Traditionelle Bedeutung

Geduld, Gelassenheit, Wachstum, Beständigkeit, Beharrlichkeit, Entwicklung, Vertrauen, Zufriedenheit

Worum geht es?

Um kontinuierliche innere und äußere Entfaltung.

Was ist zu tun?

Sich Geduld und Zeit lassen, um langsam, Schritt für Schritt, etwas aufzubauen.
Dinge ruhen lassen und sie reifen lassen.
Warten lernen.
Gelassenheit und Wachsamkeit entwickeln, um dann seine Möglichkeiten geschickt zu nutzen.

... im Umgang mit anderen

Die Zeiten beständiger, tiefer Freundschaften und Partnerschaften genießen.
Zu den eingegangenen Verpflichtungen stehen und sie erfüllen.

... im Arbeitsbereich

Nichts überstürzen, kühlen Kopf bewahren.

Die 7 der Münzen fordert uns zu Geduld und Wachsamkeit auf.

Anstehende Entscheidungen in aller Ruhe überdenken.
Trotz Vorsicht und Voraussicht sich bietende Gelegenheiten zu Veränderungen wahrnehmen und sie nicht ungenutzt vorübergehen lassen.

Was ist zu vermeiden?

Stagnation, Verluste, Untätigkeit, Unzufriedenheit, Resignation, Abstumpfung, Unsicherheit, Langeweile und Interesselosigkeit, aber auch Ungeduld und zu große Erwartungshaltung

8 der Münzen

Traditionelle Bedeutung

Anfang, Begeisterung, Neugierde, Interesse, Aufmerksamkeit, Wachsamkeit, Lerneifer, Aufbau, Anstrengung, harte Arbeit, Entwicklung

Worum geht es?

Um das Privileg, neue Fertigkeiten und Fähigkeiten erwerben zu können.
Um das beglückende Erlebnis, an innerer und äußerer Erfahrung zu gewinnen und andere daran teilhaben zu lassen.

Was ist zu tun?

Sich an kompetenter Stelle gründlich informieren.
Energie bündeln und gezielt einsetzen.
Sich anstrengen und hart arbeiten, um einen dauerhaften Erfolg sicherzustellen.

... im Umgang mit anderen

Kontakte und Beziehungen aufbauen und die Kunst erlernen, sie zu pflegen.
Andere umsorgen, für sie da sein und dabei auch das eine oder andere Opfer nicht scheuen.

Die 8 der Münzen spornt uns zu Arbeit und dauerhaftem Erfolg an.

... im Arbeitsbereich

Den geeigneten Zeitpunkt herausfinden, um ein aussichtsreiches neues Unternehmen zu beginnen.
Talente und Fähigkeiten zielstrebig entwickeln.

Was ist zu vermeiden?

Frustration, Instabilität, Oberflächlichkeit, Ungeduld, vorschnelles Aufgeben eines Vorhabens, Resignation, Faulheit, Unbescheidenheit

Die Kleinen Arkana

9 der Münzen

Traditionelle Bedeutung

Zufriedenheit, Lohn, Ernte, Reichtum, Glück, Wohlstand, Ansehen, Kreativität, Dauerhaftigkeit, Selbstständigkeit, Disziplin

Worum geht es?

Um innere Erfahrungen, die bereichern.
Um Wohlstand, Besitz und materielles Glück.
Um tiefe Zufriedenheit über das Erreichte.

Was ist zu tun?

Zu seinem Erfolg und Wohlstand stehen und ihn sich von Neidern nicht vermiesen lassen.

... im Umgang mit anderen

Aufgeschlossen, optimistisch, freundlich und mit Wärme die (alltäglichen) Dinge des Lebens anpacken und seinen Mitmenschen begegnen.
Partnerschaft als tiefes Glück und als große Bereicherung erfahren.
Aus der Großzügigkeit und Unterstützung durch andere Profit ziehen.

Hauptthemen der 9 der Münzen sind Reichtum und Zufriedenheit.

... im Arbeitsbereich

Gute Beziehungen, Unterstützung und Protektion gezielt für sich nutzen.
Aus einem Gefühl der inneren Sicherheit heraus die richtigen Entscheidungen treffen.

Was ist zu vermeiden?

Hemmungen, Faulheit, andere ausnutzen oder ausspielen, Popularitätssucht, Disziplinlosigkeit, Zersplitterung, Mangel an Selbstvertrauen

Münzen

10 der Münzen

Traditionelle Bedeutung

Beständigkeit, Sicherheit, Reichtum, Besitz, Stabilität, Stärke, Wohlstand, Macht, Erfüllung, Schönheit, Harmonie, Ausgeglichenheit, Befriedigung

Worum geht es?

Um das Gefühl innerer Sicherheit, großer Zufriedenheit und tiefer Erfüllung.

Was ist zu tun?

Das Leben in seiner Fülle und Schönheit genießen.
Glück und Wohlstand zu schätzen wissen.

Die 10 der Münzen lenkt unseren Blick auf die Fülle des Lebens.

... im Umgang mit anderen

Andere an seinem Reichtum und an seinen Erfahrungen großzügig teilhaben lassen.
Die günstigen Momente nutzen, um Kontakte zu knüpfen, die sich später als besonders wertvoll und hilfreich erweisen.

... im Arbeitsbereich

Sich über äußere Anerkennung, Hochschätzung, Ansehen und Bewunderung freuen.
Trotzdem bei allen Aktionen Umsichtigkeit und Sorgfalt walten lassen.
Gute, viel versprechende geschäftliche Beziehungen auch in Zukunft nutzen und keinesfalls die Gelegenheit verpassen, sie weiter auszubauen.

Was ist zu vermeiden?

Verlust, Faulheit, Unzufriedenheit, Leichtsinn, Verschwendungssucht, Langeweile, Großspurigkeit, Engherzigkeit, Materialismus

Die Kleinen Arkana

Bube der Münzen

Traditionelle Bedeutung

Faszination, Interesse, Begeisterungsfähigkeit, Fleiß, Fürsorge, Geduld, Veränderung, Entwicklung, Verantwortungsbewusstsein, Pflichtgefühl

Worum geht es?

Um den Willen, sich mit spielerischem Interesse und ganzer Aufmerksamkeit für neue Aufgaben, Hobbys oder eine bestimmte Idee zu öffnen.

Was ist zu tun?

Langsam, sorgsam und geduldig an das Neue herangehen, es hegen und pflegen und die Früchte dankbar genießen.
Körperliche und sinnliche Bedürfnisse erfüllen.
Verwöhnen und sich verwöhnen lassen.

... im Umgang mit anderen

In Begegnungen ein Gefühl der Faszination und Frische aufrechterhalten.
Sich einer neuen, erfreulichen und lustvollen Beziehung öffnen und an ihr wachsen.

Der Bube der Münzen stimmt auf »Verwöhnen und Genießen« ein.

... im Arbeitsbereich

Die Chancen neuer Beschäftigung erkennen.
Versuchen, der bisherigen Routine zu entkommen.
Die Gelegenheit zu einer erfreulichen Veränderung ergreifen.

Was ist zu vermeiden?

Flüchtigkeit, Passivität, Vernachlässigung von Ideen, Interesselosigkeit, Zerstreutheit, Überforderung, Unsicherheit, Unbeständigkeit

Münzen

Ritter der Münzen

Traditionelle Bedeutung

Ausdauer, Durchhaltevermögen, Fleiß, Anstrengungsbereitschaft, Verantwortungsbewusstsein, Gewissenhaftigkeit, Verlässlichkeit, Zufriedenheit, Aufrichtigkeit, Bescheidenheit, Stabilität

Worum geht es?

Um die Bereitschaft, Verantwortung zu übernehmen.
Um den Willen, sich verantwortlich und zuverlässig für eine bestimmte Aufgabe einzusetzen.

Was ist zu tun?

Gelassen die Dinge auf sich zukommen lassen.
Die Notwendigkeit erkennen und akzeptieren, dass Alltagsaufgaben erfüllt werden müssen, auch wenn sie manchmal langweilig erscheinen.

... im Umgang mit anderen

Den günstigen Zeitpunkt für die Verwirklichung gemeinsamer Pläne nutzen.
Sinnlichkeit, Wärme, Vertrautheit und Aufrichtigkeit in einer Beziehung schätzen lernen.

Der Ritter der Münzen hält uns zu Gewissenhaftigkeit im Alltag an.

... im Arbeitsbereich

Mit Gelassenheit und Konsequenz seine Ziele und Vorstellungen verwirklichen.
Sehr genau darauf achten, dass auch greifbare Ergebnisse erzielt werden.

Was ist zu vermeiden?

Sturheit, Trägheit, Faulheit, Phlegma, Einseitigkeit, Mutlosigkeit, Ruhelosigkeit, Realitätsverlust, Unbeständigkeit, Nachlässigkeit, Phantasielosigkeit

Die Kleinen Arkana

Königin der Münzen

Traditionelle Bedeutung

Produktivität, Sinnlichkeit, Kraft, Kreativität, Großzügigkeit, Fülle, Reife, Stabilität, Ausdauer

... als Person

Die Begegnung mit einer praktischen, sinnlichen, geschäftstüchtigen, kreativen, verantwortungsvollen, phantasievollen Frau

Worum geht es?

Um die Kraft, auf sein eigenes, gesundes Realitätsbewusstsein und Selbstwertgefühl zu bauen. Um Liebe und Verbundenheit zu Menschen, Natur und Welt.

Was ist zu tun?

Eigene Fähigkeiten entdecken, um innere und materielle Sicherheit zu gewinnen.
Äußeres Glück, Wohlstand, Vertrautes schätzen und bewahren.

... im Umgang mit anderen

Sich für liebevolle Begegnungen öffnen und die Bereitschaft zu verbindlichen und treuen Partnerschaften entwickeln.

Die Königin der Münzen weckt Geschäfts- und Realitätssinn.

... im Arbeitsbereich

Geduldig und beharrlich bei einer Sache bleiben.
Fleißig arbeiten, um für eine finanzielle Sicherheit sowie stabile und tragfähige Bedingungen zu sorgen.

Was ist zu vermeiden?

Finanzielle Abhängigkeiten, emotionale Blockaden, Verlust von Selbstvertrauen, Unselbstständigkeit, Verschwendung, Genusssucht, Faulheit

Münzen

König der Münzen

Traditionelle Bedeutung

Verantwortung, Zuversicht, Ehrgeiz, Erfolg, Reichtum, Autorität, Macht, Anerkennung, materielle Sicherheit, Aktivität, Kreativität

... als Person

Die Begegnung mit einem starken, sinnlichen, klugen, geschickten, realistischen, disziplinierten, lebensfrohen Mann

Worum geht es?

Um die realistische Einschätzung und tatkräftige Verwirklichung kreativer Ideen.

Was ist zu tun?

Den durch harte Arbeit erreichten Wohlstand und Erfolg ausgiebig genießen.
Das Erreichte solide absichern.

... im Umgang mit anderen

Sich auf liebevolle Begegnungen einlassen.
Bereit sein für verbindliche und beständige Partnerschaften.
Sich lustvolle, berauschende Erfahrungen gönnen.

Der König der Münzen weiß Geschäfts- mit Frohsinn zu verbinden.

... im Arbeitsbereich

Souverän, mit Sinn für das Machbare, tatkräftig, mit gesundem Menschenverstand, Instinkt und praktischer Intelligenz Potenziale erkennen und gute Geschäfte machen.

Was ist zu vermeiden?

Korruption, Gier und Geiz, innere Anspannung, Ängstlichkeit, Vergeuden von Geld und Eigentum, Nüchternheit, Vergnügungs- und Genusssucht

Die Kleinen Arkana

As der Kelche

Traditionelle Bedeutung

Liebe, Nächstenliebe, Gefühle, Harmonie, Freude, Leidenschaft, Verständnis, Mitgefühl, Romantik, Gefühlstiefe, schöpferische Kraft, Phantasie, Kreativität

Worum geht es?

Um das Erreichen von innerer Zufriedenheit.
Um das Erstreben des allerhöchsten Glücks.
Um den Ausdruck echter, tiefer Gefühlsregungen.
Um die Erfahrung der vollkommenen Liebe.

Was ist zu tun?

Den Kontakt zu seinen innersten Gefühlen, zu seinem Selbst nicht verlieren.
Seine Bedürfnisse und Wünsche offen und ehrlich zeigen.
Tiefes Selbstvertrauen, große Hingabefähigkeit und Zuversicht entwickeln.

Das As der Kelche führt uns zur vollkommenen Liebe.

... im Umgang mit anderen

Sich den Erfahrungen der Leidenschaft und der emotionalen Tiefe in einer innigen Liebe oder Begegnung öffnen.

... im Arbeitsbereich

Vertrauen in die eigenen Möglichkeiten und Fähigkeiten und in das Gelingen entwickeln.
Die Gelegenheit wahrnehmen, seine Begabungen beruflich zur Geltung zu bringen.

Was ist zu vermeiden?

Verzweiflung, Eifersucht, Boshaftigkeit, Rachsucht, Untreue, Faulheit, innere Einsamkeit, Selbstentfremdung, Verdrängung von Gefühlen

2 der Kelche

Traditionelle Bedeutung

Harmonie, Ausgewogenheit, Liebenswürdigkeit, Begegnung, Beziehung, Partnerschaft, Geselligkeit, Frieden, Versöhnung

Worum geht es?

Um eine liebevolle, verständnisvolle, harmonische Freundschaft oder Liebesbeziehung.

Was ist zu tun?

Offen und vorurteilsfrei aufeinander zugehen.
Sein Wohlwollen und seine Zuneigung ohne Vorbehalte und ohne Scham zeigen.
Mit Großzügigkeit und Freigebigkeit handeln.
Wechselseitiges Geben und Nehmen üben.

... im Umgang mit anderen

Probleme und Spannungen in persönlichen Partnerschaften lösen und sich versöhnen.
Zu einem gegenseitigen Verständnis, Akzeptanz und Anteilnahme finden.
Kontakte aufnehmen, sich vertrauensvoll einer neuen Beziehung öffnen.

Die 2 der Kelche stimmt uns auf Verständnis und Versöhnung ein.

... im Arbeitsbereich

Die Chance zu einem beruflich langfristigen Anfang ergreifen. Mit diplomatischem Geschick und positiver Einstellung günstige Geschäftsvereinbarungen treffen und berufliche Pläne verwirklichen.

Was ist zu vermeiden?

Trennung, Neid, Rachsucht, Eifersucht, Unfreundlichkeit, Oberflächlichkeit, Faulheit, Unentschiedenheit

Die Kleinen Arkana

3 der Kelche

Traditionelle Bedeutung

Freude, Geselligkeit, Dankbarkeit, Abschluss und Neubeginn, Fruchtbarkeit, Geburt, Heilung, Glück, Liebe, Erfolg

Worum geht es?

Um intensive Lebensfreude und tiefes Glück.
Um große Dankbarkeit und innere Zufriedenheit über das bisher Erreichte.
Um emotionales Wachstum, um Entwicklung, Entfaltung und Erfüllung.

Was ist zu tun?

Sich gemeinsamen Interessen zuwenden und ihnen nachgehen.
Erfahrungen mit anderen austauschen.
Sein Glück intensiv und mit Dankbarkeit genießen.

... im Umgang mit anderen

Andere akzeptieren, so wie sie wirklich sind.
Auf sie eingehen und auch für sie da sein.
Sich aus vollem Herzen von einer liebevollen, lebendigen Beziehung mitreißen lassen.

Die 3 der Kelche regt uns zu Wachstum und Geselligkeit an.

... im Arbeitsbereich

Dankbar sein für einen erfolgreichen Abschluss.
Schöpferische Impulse und Ideen umsetzen.
Sich um Harmonie, Verständnis, Teamgeist und soziales Engagement bemühen.

Was ist zu vermeiden?

Schwermut, Undankbarkeit, Faulheit, Vergnügungssucht, satte Selbstzufriedenheit, Trägheit, Mangel an Selbstdisziplin

4 der Kelche

Traditionelle Bedeutung

Krise, Ärger, Zweifel, Langeweile, Missmut, Eifersucht, Enttäuschung, Unzufriedenheit, Frustration, Argwohn

Worum geht es?

Um Teilnahmslosigkeit, fehlende Motivation und mangelndes Interesse an der Gegenwart.
Um Lustlosigkeit ohne ersichtlichen Grund.
Um Verletzungen und ärgerliche Auseinandersetzungen.

Die 4 der Kelche fordert uns auf, Lustlosigkeit zu überwinden.

Was ist zu tun?

Eigene Frustrationen und Unsicherheiten erkennen.
Die Augen öffnen und die Dinge realistisch betrachten.
Sich auf etwas konzentrieren, das Interesse und Freude wecken könnte. Umdenken.

... im Umgang mit anderen

Sich von seinen ständigen Zweifeln, seiner Unzufriedenheit, Eifersucht und Enttäuschung distanzieren.
Versuchen, aufmerksam, aufrichtig und verständnisvoll miteinander umzugehen.

... im Arbeitsbereich

Trägheit überwinden, Ausdauer und Belastbarkeit entwickeln.
Konkret und aktiv werden, seine Pflichten erfüllen.
Aber auch: eine völlig neue Richtung einschlagen.

Was ist zu vermeiden?

Unzufriedenheit, Lustlosigkeit, Engstirnigkeit, Gehässigkeit, unrealistische Erwartungen, Resignation, Faulheit, Launenhaftigkeit, Beleidigtsein

Die Kleinen Arkana

5 der Kelche

Traditionelle Bedeutung

Enttäuschung, Trauer, Verlust, Kummer, Verlassenheit, emotionaler Schmerz, Verzweiflung, Prüfung

Worum geht es?

Um das schmerzliche Gefühl, zurückgewiesen zu werden.
Um Kränkungen und seelische Verletzungen.
Um das bittere Gefühl, verlassen, hintergangen und ausgenutzt worden zu sein.

Was ist zu tun?

Sich mit quälenden Erlebnissen und der Erfahrung des Verlusts auseinander setzen.
Abschied nehmen lernen und mit Zuversicht und Mut einen Neubeginn wagen.

... im Umgang mit anderen

Mitmenschliche Beziehungen genau überprüfen, um desillusionierende Erkenntnisse und Rückzug zu vermeiden.
Gut gemeinte Hilfe, Trost und Unterstützung liebevoller Menschen annehmen.
Nähe zulassen.

Die 5 der Kelche kreist um die Themen Abschied und Neubeginn.

... im Arbeitsbereich

Angst vor weiteren Enttäuschungen und vor dem Scheitern allgemein überwinden.
Neuen Mut fassen.
Das Vertrauen zu sich selbst zurückgewinnen.

Was ist zu vermeiden?

Agonie, Depression, Schuldgefühle, Verschlossenheit, abweisende Haltung, Hemmung, Verbitterung, negative Gefühle und depressive Stimmung

6 der Kelche

Traditionelle Bedeutung

Vergangenheit, Rückschau, Phantasie, Sentimentalität, Naivität, Träume, Geborgenheit, Schutz, Anhänglichkeit

Worum geht es?

Um Erinnerung und Sehnsucht nach vergangenen Zeiten.
Um kritische Rückschau und Vergangenheitsbewältigung.

Was ist zu tun?

Trotz großen Verlangens nach Vergangenem stets den Bezug zur Wirklichkeit bewahren.
Innere Bilder verarbeiten, sich von Erinnerungen lösen, sich abnabeln und befreien.
Dinge in Angriff nehmen und verändern, eigenständig und selbstständig handeln.

Die 6 der Kelche pendelt zwischen Erinnerung und Sehnsucht.

... im Umgang mit anderen

Dem Bedürfnis nach Liebe, tiefen Gefühlen, Hingabe und Zuwendung nachgeben.
Daraus innere Geborgenheit, Sicherheit und Frieden mit sich selbst schöpfen.
Eigene Bedürfnisse und Neigungen nicht verleugnen.

... im Arbeitsbereich

Sich vor einem verzerrten Blickwinkel und unrealistischen Einschätzungen hüten.
Aus seinen Erfahrungen lernen und sich den Anforderungen des Augenblicks stellen.
Sich konkreten, handfesten Aufgaben zuwenden.

Was ist zu vermeiden?

An Erinnerungen festhalten, Idealisieren, Fixierungen, kindliche Verhaltensweisen, Depressionen

Die Kleinen Arkana

7 der Kelche

Traditionelle Bedeutung

Illusion, Wünsche, Flucht, Traumbilder, Selbsttäuschung, Verführung, Visionen, Sehnsucht, Zauber

Worum geht es?

Um die drohende Gefahr, getäuscht zu werden oder sich zu täuschen.
Um die Gefahr, sich in einer irrealen Welt oder in Tagträumereien zu verlieren.
Um den sehnlichen Wunsch, dem lästigen oder langweiligen Alltag zu entfliehen.

Bei der 7 der Kelche sind Klarheit und Wirklichkeitssinn gefragt.

Was ist zu tun?

Den gesunden Menschenverstand einsetzen, um das Gefühl für die Wirklichkeit und das Interesse am Hier und Jetzt zu entwickeln.

... im Umgang mit anderen

Sich nicht beeinflussen und irreführen lassen.
Selbsttäuschungen, Wahrnehmungsverzerrungen vermeiden.
Sämtliche Beziehungen kritisch unter die Lupe nehmen und Veränderungen herbeiführen.

... im Arbeitsbereich

Disziplin, Struktur, Geduld und Ausdauer üben, um bestimmte Arbeitssituationen besser meistern zu können.
Nach Möglichkeit nur mit Menschen zusammenarbeiten, denen man vertrauen kann.

Was ist zu vermeiden?

Illusionäre Zukunftsvorstellungen, Flucht, Sucht, Lügen, Orientierungslosigkeit, Unaufrichtigkeit, Weltflucht, Desinteresse

8 der Kelche

Traditionelle Bedeutung

Schmerz, Abschied, Trauer, Resignation, Depressionen, Suche, Ungewissheit, Verlust, Belastung, Verunsicherung

Worum geht es?

Um einen außerordentlich schmerzlichen Verlust.
Um einen einschneidenden Ablösungs- und Trennungsprozess. Um einen wertvollen und zukunftsweisenden Neubeginn.
Um eine Lebensweichenstellung

Was ist zu tun?

Ohne Wenn und Aber Abschied nehmen lernen.
Ausgiebig über die Vergangenheit reflektieren.
Über das Vergangene und Verlorene trauern.
Sich dann bewusst von den Erinnerungen lösen.

... im Umgang mit anderen

Leid und Schmerz entschlossen überwinden.
Die Augen offen halten und auch innerlich für neue Begegnungen bereit sein.
Eigene Wege gehen.

Die 8 der Kelche ermahnt uns, Altlasten abzuschütteln.

... im Arbeitsbereich

Sich von bestimmten Vorstellungen trennen.
Belastende und unergiebige Aktivitäten beenden.
Neue Angebote und Chancen erkennen.

Was ist zu vermeiden?

Mutlosigkeit, Depressionen, Seelenqual, negative, ständig quälende Gedanken, übermäßige Selbstkritik, Schuldgefühle, innerliche Passivität

Die Kleinen Arkana

9 der Kelche

Traditionelle Bedeutung

Genuss, Freude, Sinnlichkeit, Erotik, Leidenschaft, Glück, Erfüllung, Harmonie, Zufriedenheit, Friede, Heiterkeit, Fröhlichkeit, Vergnügen

Worum geht es?

Um die Zeit der inneren Zufriedenheit und Ausgeglichenheit.
Um große Zuversicht.
Um eine Phase des Wohlbefindens und des Glücks.
Um Dankbarkeit für den Reichtum des Lebens.

Den Reichtum des Lebens schüttet die 9 der Kelche über uns aus.

Was ist zu tun?

Fröhlich und doch gelassen und entspannt das Leben in vollen Zügen genießen.
Seinen Neigungen und Leidenschaften frönen.
Alle seine Sinne zu ihrem Recht kommen lassen.

... im Umgang mit anderen

Sich von wohltuenden, angenehmen, friedlichen Gefühlen treiben lassen.
Angenehme Zeiten der Freude, des Glücks und der Geselligkeit genießen.

... im Arbeitsbereich

Optimale Bedingungen und Gelegenheiten für sich nutzen.
Sich darüber freuen und Dankbarkeit zeigen.

Was ist zu vermeiden?

Schwerfälligkeit, Faulheit, Unbeweglichkeit, Verlustängste, Gier und Geiz, übermäßiges Besitzdenken, Herrschsucht, Disziplinlosigkeit, Mangel an Spontaneität, Fixierungen, Verbissenheit

Kelche

10 der Kelche

Traditionelle Bedeutung

Fülle, Liebe, Freude, Glück, Harmonie, Geborgenheit, Versöhnung, Warmherzigkeit, Offenheit, Fröhlichkeit, Großzügigkeit, Optimismus, Zufriedenheit

Worum geht es?

Um Vertrauen und die Liebe zum Leben.
Um intensive Lebensfreude und Selbstvertrauen.
Um innere Zufriedenheit, Ausgeglichenheit und Harmonie.

Was ist zu tun?

Immer wieder den eigenen Idealismus, seine positiven, großzügigen Gefühle und die innere Freude unbefangen und spontan zum Ausdruck bringen.

Die 10 der Kelche thematisiert Geborgenheit und Harmonie.

... im Umgang mit anderen

Liebe leben und erleben.
Echtes Zusammengehörigkeitsgefühl entwickeln.
Sich im Vertrauen auf das Leben selbst immer geborgen und beschützt fühlen.
Anderen voller Güte, Freundschaft, Vertrauen und Großmut begegnen.

... im Arbeitsbereich

Die günstige Zeit für Unternehmungen und Aktivitäten mit der Gruppe nutzen.
Die Planungen und Vorbereitungen für neue Projekte beherzt vorantreiben.

Was ist zu vermeiden?

Misstöne, Streit, Selbstüberschätzung, Übertreibung, Traurigkeit, Unruhe, mangelnde Lebensfreude, Unzuverlässigkeit, Arroganz

Die Kleinen Arkana

Bube der Kelche

Traditionelle Bedeutung

Heiterkeit, Freude, Vergnügen, Wärme, Verliebtsein, Freundschaft, Mitgefühl, Liebenswürdigkeit, Kontaktbereitschaft, Harmonie, Schönheit, Anmut

Worum geht es?

Um den Beginn von Neuem.
Um Impulse, Anregungen, Ansporn und wichtige Botschaften von außen.
Um eine freundschaftliche, versöhnliche Geste.

Was ist zu tun?

Eigene Bedürfnisse und verborgene Neigungen herausfinden und ihnen nachgeben.
Selbstliebe und Freude an und mit sich selbst entwickeln.

... im Umgang mit anderen

Offenheit und Verständnis für andere aufbringen.
Kompromisse und Frieden schließen, sich versöhnen.

... im Arbeitsbereich

Neue, reizvolle Aufgaben ohne Vorbehalt übernehmen.

Der Bube der Kelche fordert uns zu Kontaktbereitschaft auf.

Hilfe und Unterstützung bei wichtigen Gesprächen und geschäftlichen Vereinbarungen bereitwillig annehmen.
Die günstige Zeit erkennen für schöpferische Arbeiten und für die Zusammenarbeit mit anderen Menschen in jeglicher Form.

Was ist zu vermeiden?

Narzismus, Unverbindlichkeit, Oberflächlichkeit, Tagträumereien, Egoismus, Trägheit, Bequemlichkeit, sich in Wunschvorstellungen verlieren

Ritter der Kelche

Traditionelle Bedeutung

Liebe, Romantik, Sehnsucht, Idealismus, Charme, Kreativität, Verliebtheit, Phantasie, Poesie, Inspiration, Freundlichkeit

Worum geht es?

Um die Bereitschaft, sich zu verlieben und hinzugeben.
Um harmonische, zärtliche und liebevolle Gefühle.
Um den Mut, seinen tiefen Gefühlen der Verehrung und Idealisierung ungeschmälert Ausdruck zu verleihen.
Um die Suche nach der einzigen, vollkommenen, heiligen, unerreichbaren Liebe.

Der Ritter der Kelche steht für Liebenswürdigkeit und Feinfühligkeit.

Was ist zu tun?

Die gute Stimmung für seine Wünsche nützen.
Anregungen annehmen.
Sich der Realität stellen.

... im Umgang mit anderen

Sich neuen, feinfühligen, harmonischen Begegnungen öffnen.
Sich einem liebenswürdigen, zärtlichen und sanften Miteinander hingeben.
Eigene Objektivität entwickeln.

... im Arbeitsbereich

Eigene Vorstellungen und Projekte mit Schwung und Kreativität in die Wirklichkeit umsetzen.
Angenehme und nützliche Begebenheiten annehmen.

Was ist zu vermeiden?

Rückzug, Passivität, Unberechenbarkeit, Ruhelosigkeit, Überheblichkeit, Überempfindlichkeit, sich in eine Welt von Träumen und Schäumen zurückziehen, Geltungssucht

Die Kleinen Arkana

Königin der Kelche

Traditionelle Bedeutung

Liebe, Leidenschaft, Freude, Sensibilität, Intuition, Glück, Unbewusstes, Kreativität, Phantasie, Spiritualität, Einfühlung

... als Person

Die Begegnung mit einer empfindsamen, verständnisvollen, sensiblen, romantischen und leidenschaftlichen Frau

Worum geht es?

Um die Begegnung und das Sicheinlassen auf die eigene tiefe, überwältigende Welt der Gefühle, auf die Welt der Träume und das Reich der Phantasie.

Was ist zu tun?

Sich einer Sache oder einer Beziehung ganz hingeben.
Sich entspannen und aus dem Gefühl heraus handeln.

... im Umgang mit anderen

Nähe, Liebe, Zuwendung, Einfühlungsvermögen, innere Übereinstimmung und Vertrautheit miteinander teilen.

Die Königin der Kelche ermuntert zu Spontaneität und Hingabe.

Freude und Harmonie um sich verbreiten.

... im Arbeitsbereich

Sich um Ausgleich bemühen. Die Möglichkeit wahrnehmen, seine große Vorstellungskraft in kreativer Form auszudrücken.

Was ist zu vermeiden?

Eifersucht, Bosheit, Rachsucht, Launen, Unaufrichtigkeit, Abgrenzungsschwierigkeiten, Traurigkeit, Nichtvergebenkönnen

Kelche

König der Kelche

Traditionelle Bedeutung

Kreativität, Phantasie, Sensibilität, Intuition, Hingabe, Introvertiertheit, Zärtlichkeit, Einfühlung, Gefühlstiefe, Liebe

... als Person

Die Begegnung mit einem mitfühlenden, liebenden, sensiblen, vertrauensvollen Mann

Worum geht es?

Um die Auseinandersetzung mit der eigenen Verletzlichkeit. Um einen guten Kontakt zum Unbewussten.

Was ist zu tun?

Kontrolle der Gefühle aufgeben und Verwundung zulassen. Vertrauen in die eigenen Gefühle und in den Fluss des eigenen Lebens entwickeln.

... im Umgang mit anderen

Eigene Wünsche zurückstellen. Mitgefühl und ein gutes Gespür für die seelischen Bedürfnisse der Mitmenschen entwickeln; ihnen zur Seite stehen.

Sensibilität und Zärtlichkeit sind beim König der Kelche angesagt.

... im Arbeitsbereich

Die besonders ausgeprägte Kreativität spielen lassen, um eigene Ideen und Idealvorstellungen zu verwirklichen.

Was ist zu vermeiden?

Innere Zerrissenheit, Verzweiflung, sich verzetteln, Unzuverlässigkeit, Konzentrationsschwäche, Vergesslichkeit, Chaos, Unreife, Schwermut, Ambivalenz zwischen Fühlen und Handeln, Buhlen um Sympathien

Über dieses Buch

Über die Autorin

Anna Haebler ist Sozialpädagogin und seit 20 Jahren als beratende Astrologin tätig. Sie verbindet in ihrer praktischen Arbeit die Erkenntnisse aus Psychologie, Astrologie, Tarot und Sozialpädagogik.

Hinweis

Das vorliegende Buch ist sorgfältig erarbeitet worden. Dennoch erfolgen alle Angaben ohne Gewähr. Weder Autorin noch Verlag können für eventuelle Schäden, die aus den im Buch gemachten Hinweisen resultieren, eine Haftung übernehmen.

Literatur

Hajo Banzhaf/Anna Haebler: Schlüsselworte zur Astrologie. München 1994 (Hugendubel)

Hajo Banzhaf: Das Arbeitsbuch zum Tarot. München 1988 (Diederichs)

Hajo Banzhaf/Elisa Hemmerlein: Tarot als Wegbegleiter. München 1993 (Hugendubel)

Alfred Douglas: Ursprung und Praxis des Tarot. Köln 1986 (Diederichs)

Liz Greene/Juliet Sharman-Burke: Delphisches Tarot. München 1986 (Hugendubel)

Rachel Pollack: Tarot, 78 Stufen der Weisheit. München 1985 (Droemer und Knaur)

Hajo Banzhof/Brigitte Theler: Schlüsselworte zum Crowley-Tarot. München 1999 (Hugendubel)

Bildnachweis

Image Bank, München: 8 (Harald Näger); Sperl Siegfried, München: U1; Südwest Verlag, München: 7 (Werner Hama)

Impressum

© 2000 W. Ludwig Buchverlag, München, in der Econ Ullstein List Verlag GmbH & Co. KG, München

3. Auflage 2002

Alle Rechte vorbehalten.
Nachdruck – auch auszugsweise – nur mit Genehmigung des Verlags.

Redaktion: Thomas May
Projektleitung: Berit Hoffmann, Christine Seidel
Redaktionsleitung:
Dr. Reinhard Pietsch
Bildredaktion: Tanja Nerger
Umschlag: Till Eiden
DTP/Satz: Mihriye Yücel
Produktion: Manfred Metzger (Leitung), Annette Aatz, Monika Köhler
Druck und Bindung:
Druckerei Uhl, Radolfzell

Gedruckt auf chlor- und säurearmem Papier
Printed in Germany

ISBN 3-7787-3914-X

Register

Abhängigkeit 24, 40, 49, 65, 82, 87, 89, 96
Abheben (Karten) 19
Angst 16, 21, 27ff., 32, 34, 36, 43, 46f., 49, 52ff., 60, 64ff., 71f., 75, 77f., 87, 97, 102
Arkana, Große 6, 13ff., 17, 19, 22, 25, 34ff.
– Eremit, Der 20f., 29, 31, 43
– Gehängte, Der 46
– Gerechtigkeit, Die 45
– Gericht, Das 54
– Herrscher, Der 16f., 28, 30, 38
– Herrscherin, Die 20, 37
– Hohepriester, Der 39
– Hohepriesterin, Die 36
– Kraft, Die 42
– Liebenden, Die 22, 40
– Magier, Der 35
– Mäßigkeit, Die 48
– Mond, Der 20f., 52
– Narr, Der 6, 14ff., 33f.
– Rad des Schicksals 44
– Sonne, Die 53
– Stern, Der 6, 25, 51
– Teufel, Der 49
– Tod, Der 18f., 47
– Turm, Der 50
– Wagen, Der 17, 19, 41
– Welt, Die 6, 55
Arkana, Kleine 6f., 13f., 25, 56ff.
Astrologie 4, 7
Auslegen (Karten) 19

Begeisterung 17, 31, 34, 41, 56, 63, 66, 91, 94
Beruf 9, 11f., 16, 27ff., 67f., 89, 98f.
Besinnung 29, 36, 43, 73
Besitz 12, 84, 93

Depressionen 41, 47, 60, 65, 69, 77f., 88, 102f.
Disziplin 12, 16, 35, 38, 42, 84, 86f., 92, 100, 104
Durchsetzungsvermögen 17, 35, 56, 68

Ehrgeiz 17, 38, 41, 67, 97
Einsamkeit 21, 43, 73, 77f., 82f., 88, 98
Element 7ff., 22
Entscheidungen 4f., 21f., 29, 40, 43, 45, 57f., 63, 70, 72, 77, 82, 90
Enttäuschung 14, 24f., 72, 79, 101f.
Erde 7, 11ff.
Erfolg 11f., 30, 41, 48, 51, 55, 58ff., 69, 84, 86, 89, 91f., 97, 100
Erkenntnis 10, 44, 50, 70, 75, 81, 102

Feuer 7f.
Fleiß 16, 38, 94ff.
Flexibilität 10, 28, 34, 50, 80, 83, 85
Fragestellung 14ff.

Geborgenheit 43, 103, 107
Geburt 19, 100
Geduld 12, 21, 28, 36ff., 43, 48, 90, 94, 104
Gegenwart 23ff., 34, 101
Gerechtigkeit 10, 39, 45, 70, 83

Hemmungen 10, 54, 77, 92, 102
Herausforderungen 7, 17, 22, 34, 38, 59f., 62, 64, 67, 69, 87
Hoffnung 25, 27, 29, 42, 48, 51, 53, 58, 64, 102
Hofkarten 6f., 13, 19
Impulse 30, 34f., 46, 49, 55, 63, 66, 100, 108

Instinkt 37, 42, 49, 97
Intuition 20, 36, 52, 110f.

Jahreskarte 17f.

Kabbala 5
Kelche 6, 8f., 98ff.
– As der K. 98
– Bube der K. 108
– König der K. 111
– Königin der K. 110
– Ritter der K. 109
– 2 der K. 9, 31, 99
– 3 der K. 100
– 4 der K. 23f., 101
– 5 der K. 102
– 6 der K. 103
– 7 der K. 104
– 8 der K. 9, 105
– 9 der K. 106
– 10 der K. 107
Keltisches Kreuz 8f., 12, 25ff.
Konflikte 10, 28, 40f., 43, 50, 57, 60, 62f., 69ff., 74, 79, 81
Kraft 8, 16f., 21, 25, 37f., 41ff., 51, 56, 63ff., 73, 96, 98
Kreativität 7f., 16f., 34ff., 56f., 59, 63, 66ff., 92, 96ff., 109ff.

Legebilder 23ff.
Liebe 8f., 14, 17, 22, 25, 37, 40, 63, 87, 89, 96, 98ff., 103, 107ff.
Luft 7, 9ff.
Lustlosigkeit 23, 59, 101

Mischen (Karten) 19
Mitgefühl 8, 48, 81, 83, 98, 108, 111
Münzen 6, 11ff., 84ff.
– As der M. 11f., 29f., 84
– Bube der M. 94
– König der M. 97
– Königin der M. 96

113

Register

– Ritter der M. 95
– 2 der M. 28, 30, 85
– 3 der M. 86
– 4 der M. 12, 87
– 5 der M. 88
– 6 der M. 89
– 7 der M. 12, 90
– 8 der M. 28, 31, 91
– 9 der M. 92
– 10 der M. 93
Mut 8, 15, 34f., 41ff., 52f., 56ff., 62f., 71, 78, 81f., 87, 102, 109

Neuanfang 9, 15, 19, 25, 34, 47, 51, 56, 66, 100, 102, 105
Neugierde 33f., 80, 91
Niederlage 64f., 74, 79

Objektivität 10, 16, 29, 43, 45, 77, 82f., 109
Optimismus 17, 22, 25, 29, 33, 35, 41f., 50f., 53, 58f., 63, 66, 107
Ordnung 11, 16, 38

Partnerschaft 40, 53, 56, 84, 90, 92, 96f., 99
Persönlichkeitskarte 20f.
Pläne 9, 12, 17, 25, 55, 58, 68, 78, 95, 99
Positionen 26ff.

Quersumme (Quintessenz) 19f., 31, 33

Radix-Horoskop 18
Realitätssinn 15, 37, 50, 74, 83, 87, 96f., 101
Resignation 32, 44, 73, 75, 77, 79, 90, 101, 105
Rider-Waite-Karten 5f.
Rückzug 21, 29, 31, 36, 43, 73, 102, 109
Ruhe 24f., 36, 38, 42, 46, 48, 51, 57, 73, 75, 90

Schwerter 6, 9ff., 70ff.
– As der Schw. 70
– Bube der Schw. 80

– König der Schw. 83
– Königin der Schw. 10, 82
– Ritter der Schw. 81
– 2 der Schw. 71
– 3 der Schw. 72
– 4 der Schw. 73
– 5 der Schw. 74
– 6 der Schw. 24f., 32, 75
– 7 der Schw. 76
– 8 der Schw. 10f., 77
– 9 der Schw. 27, 30, 78
– 10 der Schw. 79
Selbstbewusstsein 10, 25, 41, 53, 68f., 88
Selbstständigkeit 25, 40, 53, 56, 67f., 85, 92, 103
Sicherheit 11f., 37, 39, 42, 50, 58, 65, 68, 81, 84, 87f., 92f., 96f., 103
Sinnlichkeit 11, 37, 40, 68, 97, 94ff., 106
Sorgen 33, 65, 75, 78, 88
Stäbe 6ff., 22, 56ff.
– As der St. 56
– Bube der St. 66
– König der St. 29, 31, 69
– Königin der St. 68
– Ritter der St. 67
– 2 der St. 57
– 3 der St. 58
– 4 der St. 59
– 5 der St. 28, 30, 60
– 6 der St. 29f., 61
– 7 der St. 62
– 8 der St. 7, 28f., 31, 63
– 9 der St. 32, 64
– 10 der St. 7f., 65

Tageskarte 15f.
Tarot-Kartendeck 5ff.
Tod 18f., 47
Trauer 9, 25, 33, 47, 75, 78, 102, 105

Träume 17, 20, 36, 51f., 66, 103f., 108ff.
Trennung 18f., 25, 37, 47, 72, 79, 99
Trumpfkarten 6, 13ff., 20, 22

Unabhängigkeit 10, 22, 29, 34f., 38, 40, 43, 65f., 80, 82, 85
Unbewusstes 18, 28, 32, 36, 42, 49, 52, 110f.

Verantwortung 8, 16, 23, 38, 55, 57, 65, 69, 77, 83, 94ff.
Vergangenheit 23ff., 54, 73, 103, 105
Verlust 9, 14, 25, 32, 43, 64, 79, 87f., 90, 93, 96, 102, 105f.
Visconti-Sforza-Karten 5

Wachstum 12, 37, 54, 56, 58, 84, 86, 90, 100
Wachstumskarte 21
Wahrhaftigkeit 16, 38, 82
Wandlung 18f., 44, 47, 54, 80, 85, 88
Wasser 7ff.
Wesenskarte 21
Willenskraft 35, 41f., 68ff.
Wochenkarte 16f.
Wohlstand 84, 92f., 96f.

Ziehen (Karten) 19
Ziele 9, 12, 18, 24, 28, 38f., 51, 57ff., 66f., 74ff., 81, 84, 86, 95
Zufriedenheit 11, 55, 58f., 61, 84, 90, 92f., 95, 98, 100, 106f.
Zukunft 23ff., 45f., 53, 58, 66, 78, 93, 104f.
Zweifel 9, 25, 30, 48, 54, 63, 68, 71, 76, 84, 88, 101

Tarot – mehr als nur ein Kartenspiel

Die Zukunft vorausbestimmen, dem Zufall im Spiel des Lebens in die Karten schauen – wer möchte nicht die höheren Mächte und verwobenen Kräfte des Leben verstehen. Über 1.000 Beispiele vermitteln anschaulich die traditionellen und modernen Methoden des Kartenlegens. Dadurch erhält der Leser tiefere Einsichten in die Bereiche Liebe, Beruf, Familie und Gesundheit.

**Grundkurs
Kartenlegen**
96 Seiten
ISBN 3-7787-3810-0

Wen interessiert es nicht, was die Zukunft bringt, wenn es sich um Liebe und Partnerschaft handelt. Das Tarot bietet dafür über 240 Deutungen der Großen und Kleinen Arkana, die helfen, Partnerschaften besser zu verstehen und neue Lebensbereiche zu erschließen. Das Tarot der Liebe und Partnerschaft ist auch im praktischen Kombipack mit einem Deck Rider-Waite-Karten erhältlich.

**Tarot für Liebe und
Partnerschaft**
144 Seiten
ISBN 3-7787-3908-5

LUDWIG